Témoignages

« Le livre de Carly Abramowitz, *Danse avec le chaos*, est indispensable pour naviguer dans le monde complexe d'aujourd'hui. Grâce à un cocktail d'idées pratiques et d'outils faciles à utiliser, Carly donne aux lecteurs les moyens d'adopter la capacité d'adaptation, de favoriser la collaboration et d'encourager l'innovation, ce qui est essentiel pour réussir dans un environnement en perpétuelle évolution. Grâce à son point de vue passionné et distinct et à son approche créative, Carly fournit aux lecteurs des stratégies concrètes pour s'épanouir au milieu de la complexité. Ce livre est une lecture essentielle pour tous ceux qui cherchent non seulement à comprendre, mais aussi à exceller activement face au changement constant. »

Liza Guellerin
– Global Learning Expert et Coach certifiée, Louis Vuitton

« Notre collaboration avec Carly Abramowitz et ses équipes est centrée sur le développement de compétences essentielles pour naviguer dans un monde complexe et incertain, des compétences que *Danse avec le chaos* met parfaitement en lumière. Ce livre résonne fortement avec nos programmes, en mettant l'accent sur l'importance de l'adaptabilité, du relationnel et de la collaboration. Cette adaptabilité est essentielle pour exécuter nos missions d'audit et de conseil ; nos collaborateurs sont amenés à faire preuve d'une flexibilité permanente pour rester performant auprès de chaque client. Cet ouvrage enrichit notre compréhension et offre des perspectives nouvelles sur des thèmes que nous avons déjà intégrés dans notre culture d'entreprise. Un guide précieux pour toute organisation aspirant à exceller dans un environnement en mouvement. »

Sylvaine Thomas-Penette
– Learning & Development Lead, Deloitte

« La créativité de Carly Abramowitz a toujours été un élément central de notre collaboration. Dans *Danse avec le chaos*, elle canalise cette énergie pour aborder les défis d'un monde VUCA de manière unique et pertinente. Ce livre, avec ses idées novatrices et ses approches pratiques, est le prolongement naturel de l'esprit inventif que Carly et ses équipes ont toujours apporté à nos événements. Il offre des perspectives fraîches et stimulantes faisant de ce livre une ressource précieuse pour ceux qui cherchent à s'adapter et à se développer dans un environnement complexe. »

Bertrand Cheyrou
– CEO, Les Fontaines – Serge Kampf Capgemini Campus

« En tant que client de longue date de Carly Abramowitz, j'ai mis en place plusieurs programmes de formation et de coaching qui s'alignent étroitement avec les compétences abordées dans *Danse avec le chaos* confiance, créativité, adaptabilité, collaboration. Ce livre a parfaitement encapsulé et étendu les principes cruciaux que nous avons explorés ensemble. Il offre une perspective approfondie sur l'importance de l'ancrage personnel et l'intelligence collective dans un monde en constante évolution. *Danse avec le chaos* est un guide indispensable pour toute entreprise cherchant à s'épanouir dans un environnement dynamique. »

Coralie Sévin
– Talent Development Manager, Ubisoft

« Notre voyage avec les programmes de vente consultative de CA Consulting Group a conduit à un changement culturel important dans notre approche du développement des affaires. Le livre *Danse avec le chaos* de Carly Abramowitz reflète les changements et les pratiques que nous avons mis en œuvre. Ce livre défend une méthodologie de vente réfléchie et axée sur le client. Il souligne le besoin d'adaptabilité et de compréhension dans un environnement commercial complexe et en évolution rapide, reflétant les principes que nous avons adoptés dans notre culture d'entreprise. »

Frank Van Nistelrooij
– CGI Partner & VP Global Business Engineering, CGI

« Le plan de Carly Abramowitz pour naviguer dans le kaléidoscope tourbillonnant de la vie moderne est urgent, important et vital pour quiconque souhaite tirer parti du raz-de-marée de changements dans lequel nous sommes pris. C'est un livre rare qui superpose nos aspirations et nos peurs avec l'incertitude et les aspirations souvent terrifiantes de la vie professionnelle. Elle trace une voie royale à travers le territoire inexploré d'un avenir en pleine mutation. Canaliser l'espoir, la concentration et les relations, apprendre à accélérer ses compétences grâce à une adaptabilité et une confiance accrues, et s'entraîner à maîtriser un écosystème commercial en évolution rapide - les riches prescriptions de *Danse avec le chaos* sont éclairantes et exploitables. En outre, la thèse sous-jacente du livre, selon laquelle les forces déconcertantes qui façonnent notre époque peuvent être exploitées pour accroître l'ingéniosité, le développement personnel et l'autodétermination, apporte un optimisme cathartique bien nécessaire et un argument en faveur de la joie. »

Nusrat Durrani
– Pioneering Global Media Executive

« Carly Abramowitz, avec *Danse avec le chaos*, propose une approche rafraîchissante et innovante face aux défis de notre temps. Son style unique, mêlant créativité et applicabilité, rend ce livre particulièrement pertinent et utile. J'ai été captivée par les enseignements pratiques et les stratégies adaptatives présentées par Carly, autant dans son livre que lors de ses conférences. Ce livre est une ressource précieuse, offrant des clés pour comprendre et embrasser les changements constants auxquels nous sommes confrontés. Il est essentiel pour tous ceux qui souhaitent rester pertinents et résilients dans un monde en perpétuel changement. »

Danièle Gadal
– Directrice des ressources humaines, Valéo

« Collaborer avec Carly Abramowitz depuis plusieurs années m'a révélé son talent unique pour transformer les soft skills en pratiques concrètes. Cette faculté se reflète dans son livre *Danse avec le chaos*. Carly transforme habilement des concepts abstraits en tactiques pratiques et réalisables. Ce livre n'est pas seulement une extension de son esprit innovant, mais aussi un manuel pratique pour ceux qui cherchent à acquérir des compétences fondamentales dans un monde en mutation rapide. Son approche, qui marie théorie et application pratique, rend cet ouvrage indispensable. »

Franck Baillet
– Executive Vice President – Learning & Development
France, Capgemini

« Dans notre contexte transformations accélérées et fortement impactantes, Carly Abramowitz et ses équipes ont su accompagner notre ligne managériale et nos potentiels dans le développement de leur leadership et de leur adaptabilité. Son ouvrage *Danse avec le chaos* propose des approches pragmatiques permettant aux leaders d'évoluer dans l'incertitude d'un monde VUCA. Carly partage régulièrement l'essence de ces enseignements au travers de sa keynote, où elle sait engager son auditoire dans cette prise de conscience majeure. »

Carine Noémie
– Directrice du développement professionnel & Coach,
AG2R La Mondiale

« Dans un monde où la technologie joue un rôle dominant dans notre vie, *Danse avec le chaos* est un recentrage nécessaire sur toutes les compétences essentielles qui font de nous des êtres humains. Ce livre s'adresse à tous ceux qui cherchent non seulement à survivre à cette période d'IA et d'automatisation, mais aussi à s'y épanouir. »

Evan Ryan
– Fondateur Teammate AI

« Carly est passée maître dans l'art de simplifier ce qui est complexe. Elle a une profonde compassion pour les gens et un talent unique pour la formation et le coaching. Dans *Danse avec le chaos*, Carly capture magistralement l'essence et la beauté de la navigation dans notre paysage en constante évolution avec grâce et adaptabilité. Ce livre s'aligne non seulement sur les principes fondamentaux que nous défendons à AQai, mais il les contextualise et les élève, offrant une feuille de route pratique pour maîtriser l'adaptabilité face à la complexité. Carly est une partenaire certifiée AQ estimée, qui explore la relation symbiotique entre l'adaptabilité et l'épanouissement au milieu du chaos. Son approche en trois étapes permet aux lecteurs d'atteindre leurs objectifs avec un but et une confiance renouvelés. *Danse avec le chaos* est un catalyseur de transformation qui inspire l'action et donne les outils nécessaires pour vivre au mieux dans un monde exponentiel. Une lecture incontournable pour tous ceux qui cherchent à accepter le changement et à transformer les défis en opportunités. »

Ross Thornley
– Serial Entrepreneur, Auteur, et Co-fondateur de AQai

« Dans son ouvrage *Danse avec le chaos*, Carly Abramowitz partage des stratégies pratiques qui reflètent son expertise dans le développement des compétences managériales. Son approche, axée sur l'intelligence émotionnelle et la gestion des comportements est d'une grande efficacité. Grâce à son accompagnement, nos managers ont gagné en aisance et en impact dans leurs communications. Ils sont encore plus investis dans le développement du potentiel de leurs équipes et pilotent leurs activités avec une clarté et une efficacité accrues. Sa vision du leadership est une source d'inspiration et un guide pratique pour tout manager en quête d'amélioration. »

Antoine Valverde
– Directeur de CAP Compétences,
Crédit Mutuel Alliance Fédérale

« Les natifs du numérique ont l'habitude de dire que le numérique, c'est comme la jungle. Si vous ne courez pas quand le soleil se lève, quelqu'un vous mangera. Votre concurrent, vos collègues, le marché, vos clients ou simplement une autre tendance. *Danse avec le chaos* est un excellent livre et un manuel pour se réveiller et prendre les mesures nécessaires pour accompagner le changement. Dans le monde en constante évolution du marketing numérique et des médias sociaux, *Danse avec le chaos*, de Carly Abramowitz, apparaît comme une lecture essentielle pour tous ceux qui cherchent à comprendre et à tirer parti de la puissance du changement dans le paysage numérique et à adopter des techniques qui peuvent vous faire avancer. »

Sagi Chemetz
– Fondateur & CEO Blink Havas

« *Danse avec le chaos* de Carly Abramowitz est une lecture essentielle pour l'environnement professionnel dynamique d'aujourd'hui. En tant qu'experte en formation dans le domaine des sciences de la compréhension des personnes, j'ai trouvé que l'accent mis sur la résilience, la communication et l'établissement de relations était très pertinent. Ce livre est un guide essentiel pour tous ceux qui cherchent à exceller dans leur vie personnelle et professionnelle, offrant des stratégies et des actions pratiques pour développer les compétences globales nécessaires dans le paysage compétitif et stimulant d'aujourd'hui. »

Krista Sheets
– Présidente, Competitive Edge, Inc.

« Ayant fait bénéficier des programmes de coaching de CA Consulting Group à nos collaboratrices et collaborateurs depuis des années, *Danse avec le chaos* de Carly Abramowitz reflète parfaitement nos différentes expériences. Il donne des ailes aux oiseaux blessés et pousse ensuite la nuée à voler en groupe plus efficacement, avec unité et coopération. Il offre une approche nouvelle et des stratégies pratiques qui enrichissent et renforcent le leadership et la collaboration. Ce livre est un trésor pour ceux qui cherchent à approfondir leur compréhension et leur application des compétences clés dans un monde en mutation. »

Valérie Rome
– Responsable des ressources humaines,
Assurances Crédit Mutuel

« *Danse avec le chaos* de Carly Abramowitz est un voyage éclairant à travers les complexités de notre époque, offrant un argument convaincant pour le rôle de la créativité et de l'innovation dans la création de chemins à travers l'incertitude. Ce livre s'aligne sur la notion selon laquelle les percées proviennent souvent des scénarios les moins attendus, nous incitant à repenser notre approche de la résolution des problèmes. Abramowitz propose non seulement un ensemble d'outils, mais aussi un changement d'état d'esprit essentiel pour quiconque s'engage à faire la différence dans un monde en constante évolution. »

Abdallah Hitti
– Serial Entrepreneur & Managing Partner Eurofed
France & Brapago Global Cross Border Payment Leader

DANSE
AVEC LE
CHAOS

TROIS ÉTAPES POUR VOUS LIBÉRER DE LA COMPLEXITÉ, AVANCER PLUS RAPIDEMENT VERS VOS OBJECTIFS, ET VIVRE VOTRE MEILLEURE VIE.

DANSE
AVEC LE
CHAOS

TROIS ÉTAPES POUR VOUS LIBÉRER DE LA COMPLEXITÉ, AVANCER PLUS RAPIDEMENT VERS VOS OBJECTIFS, ET VIVRE VOTRE MEILLEURE VIE.

CARLY ABRAMOWITZ

ethos
collective

Imprimé aux États-Unis d'Amérique

Publié par Ethos Collective™
PO Box 43, Powell, OH 43065
www.ethoscollective.vip

Broché ISBN : 978-1-63680-362-3
Livre broché ISBN : 978-1-63680-363-0
Livre électronique ISBN : 978-1-63680-364-7

Disponible en livre de poche, en livre relié,
en livre électronique et en livre audio.

Les adresses Internet (sites web, blogs, etc.) et les numéros de téléphone
indiqués dans ce livre sont proposés à titre de ressource. Ils ne sont
en aucun cas destinés à être ou impliquer une approbation par Ethos
Collective™, et Ethos Collective™ ne se porte pas garant du contenu
de ces sites et numéros pour la durée de vie de ce livre.

Certains noms et détails d'identification peuvent avoir été modifiés
pour protéger la vie privée des personnes.

Sommaire

Première partie : L'ancrage est fondamental dans la danse

Troisième partie : Compétences de navigation

Quatrième partie : Laissez-vous danser

Préface

À une époque marquée par des avancées technologiques et des changements sociétaux accélérés, *Danse avec le chaos* offre une marche à suivre rigoureuse pour prospérer au cœur de l'agitation. Ce livre résonne avec les enseignements fondamentaux de Strategic Coach® dont la mission est d'encourager à accueillir le changement en tant qu'opportunité de croissance et d'innovation.

En tant que personne qui a consacré sa vie à accompagner les entrepreneurs pour qu'ils puissent atteindre une plus grande liberté et de meilleurs résultats, je considère le travail de Carly Abramowitz comme un manuel vital pour tous ceux qui cherchent à naviguer avec grâce dans les complexités de notre époque moderne. Carly est une boussole pour nous tous, qui nous éclaire sur la manière d'évoluer avec agilité et détermination dans un environnement en perpétuelle mutation.

Il ne s'agit pas d'un livre qui s'attarde sur les défis de notre époque. C'est une histoire qui célèbre le potentiel de navigation que chacun d'entre nous possède pour relever les défis avec grâce et force. La réflexion de Carly nous incite à considérer les complexités de notre monde non pas comme des barrières, mais comme les facteurs susceptibles de nous propulser au sommet de nos réalisations et de notre épanouissement.

Tout au long de ce récit pertinent, Carly transpose habilement les principes de la pensée entrepreneuriale dans un contexte plus vaste. Elle s'adresse non seulement aux dirigeants, mais aussi à tous ceux qui sont confrontés au quotidien à la gestion des défis personnels et professionnels dans un environnement en constante évolution. Il s'agit de bien comprendre les rythmes du changement et de pouvoir les accompagner au lieu de se laisser submerger par leur cadence.

Le concept de Edge Skills™ de Carly est particulièrement pertinent. Ces compétences - adaptabilité, intelligence émotionnelle, résilience - sont cruciales pour les dirigeants, mais s'appliquent aussi à tous les aspects de notre vie. Ce sont des outils qui nous permettent de rebondir avec grâce face aux obstacles imprévus, et de saisir les opportunités qui se présentent dans un monde où la seule constante est le changement.

En entrant dans *Danse avec le chaos*, nous ne sommes pas simplement en train de lire, nous nous engageons dans une conversation qui traite de la transformation. Carly nous encourage à saisir la fluidité de notre époque, à trouver notre rythme singulier dans la cacophonie de l'ère digitale. Ce livre témoigne de la puissance de l'état d'esprit de croissance, un thème que nous mettons en avant chez Strategic Coach®, où l'objectif n'est pas seulement de survivre, mais de s'épanouir au cœur du changement.

Dans le monde de Carly, danser avec le chaos ne signifie pas se perdre dans la tourmente ; cela signifie trouver sa voie, son rythme et sa finalité. Il est question de transformer la nature imprévisible de notre monde en une piste de danse où chaque pas, aussi délicat et incertain soit-il, conduit à la croissance et à la découverte. Il s'agit de considérer le chaos non pas comme un adversaire, mais comme un partenaire dans notre quête de progrès et de raison d'être.

Alors, en tournant les pages de *Danse avec le chaos*, préparez-vous à embarquer pour un voyage de découverte de soi et d'émancipation. Carly Abramowitz vous invite à entrer dans la danse en écoutant la musique de votre propre voyage. Embrassez le tempo, sentez le rythme et préparez-vous à monter sur scène en toute confiance. Les projecteurs sont allumés, la musique a commencé et il est temps de danser.

Dan Sullivan
Co-fondateur et président de Strategic Coach®

Utilisez Genie™ pour tirer le meilleur parti de ce livre

Danse avec le chaos plonge au cœur de 18 compétences essentielles pour prospérer dans le monde en évolution rapide d'aujourd'hui. À une époque où l'IA est l'un des principaux moteurs du changement exponentiel, il est essentiel d'apprendre à danser avec elle.

Chaque chapitre se concentre sur une compétence spécifique - de l'adaptabilité et la créativité à la collaboration et la résilience. Il s'agit de stratégies applicables au quotidien pour garder une longueur d'avance dans cet environnement dynamique.

L'IA transforme les tâches routinières, permettant aux rôles humains de s'orienter vers la créativité, la collaboration et l'intelligence émotionnelle, ce qui rend les compétences non techniques plus essentielles que jamais. L'IA peut être un allié puissant dans le développement de ces compétences.

C'est pourquoi je suis ravie de vous présenter Genie™, votre compagnon personnel d'IA pour *Danse avec le chaos*. Genie™ est votre partenaire de développement personnel.

À la fin de chaque chapitre sur les compétences, vous trouverez une section Conseils pratiques avec une invitation spéciale pour Genie™, vous guidant à travers des exercices sur mesure. En outre, il y a trois exercices manuels pour développer davantage chaque compétence.

Embrassez le voyage, engagez-vous profondément dans les exercices et laissez Genie™ vous guider pour apprendre à danser avec le chaos et à prospérer dans un monde en constante évolution.

Connectez-vous avec Genie™ sur **Talk2genie.com**
ou avec ce QR code

Introduction

Apprendre à danser

Deux personnes qui se déplacent en harmonie sur un rythme nuancé hypnotisent leur public. Chaque fois qu'une personne s'inscrit dans cette synchronisation, la performance devient encore plus étonnante, puis lorsque certains des danseurs se déplacent de manière désynchronisée, créant leur propre mouvement et leur propre esthétique tout en gardant le rythme de l'ensemble, nous les regardons avec de plus en plus de stupéfaction.

Si tout le monde peut danser, seuls ceux qui sont disposés à y mettre toute leur âme parviendront à incarner le rythme et à créer le courant qui incite les gens à les regarder. Mais qu'est-ce qui permet à ces artistes de donner vie à la musique ? Comment parviennent-ils à transformer une expérience auditive en une représentation visuelle faite d'énergie et d'émotion ?

En 2011, j'ai lu un article de Ray Kurzweil qui annonçait la fusion entre l'homme et la machine d'ici 2045. Il a émis l'hypothèse que l'intelligence artificielle progresserait au point de pouvoir déchiffrer les ondes du cerveau et de décrypter les motivations et la sincérité de l'être humain. Je suppose que dès que les ordinateurs auront appris les divers aspects de la danse, ils pourront un jour nous captiver tout autant que la danse elle-même, mais à l'époque, en tant que spécialiste de la communication, je me demandais si l'IA ne me remplacerait pas un jour en tant que coach en négociation en milieu professionnel.

Vous pensez peut-être que les méthodes dialectiques sont propres au XXIe siècle, mais elles sont utilisées dans des environnements hostiles depuis que les Grecs de l'Antiquité les ont élaborées pour défendre la démocratie. Or, notre équipe a eu recours à ces pratiques dialectiques pour accompagner notre client, un géant en cosmétologie, à mener un débat authentique dans le cadre de ses négociations. En utilisant des stratégies créatives et de confrontation, nous pouvons éliminer les influences erronées et trouver des solutions satisfaisantes.

Je lisais l'article de Kurzwiel dans l'avion qui me conduisait vers le centre de formation de mon client. Ses idées m'ont tellement intriguée que je me suis inscrite à son programme, la Singularity University. J'ai pu découvrir les avancées de l'intelligence artificielle et de la robotique de plus près. Une femme paralysée depuis quinze ans suite à un accident de ski a pu se lever et serrer sa mère dans ses bras grâce à la technologie exosquelette. C'était stimulant de voir comment une initiative militaire pouvait améliorer la qualité de vie d'une personne.

Bien que le programme n'ait duré qu'une semaine, il m'a complètement transformée. J'ai rencontré soixante-dix-neuf autres personnes qui partageaient ce même état d'esprit de prospérité. Nous pensions pouvoir changer le monde. L'énergie ambiante, l'état d'esprit positif et la perspective de pouvoir utiliser la technologie pour créer une croissance exponentielle ont renforcé mes idéaux quant à l'importance des communautés animées d'un même esprit.

Je suis rentrée à Paris stimulée par les potentialités offertes par la technologie. Mon enthousiasme n'était pas partagé par tous. Certains pensaient que j'avais peut-être subi un lavage de cerveau, tandis que d'autres ne voyaient que du négatif ou du maléfique en éveil dans les progrès de l'IA.

Évidemment, le mal pourrait toujours trouver de quoi s'alimenter, mais cultiver un mental de prospérité m'a permis d'entrevoir tout le bienfait qui pourrait surgir si on demandait aux plus brillants des experts en technologie de se concentrer sur l'éthique en matière de conception et de programmation. Ma philosophie tient du « génie dans la bouteille ». Une fois le génie libéré - ou la technologie, dans ce cas précis - nous ne pouvons plus le renfermer, il faut maintenant le façonner de la manière la plus positive possible.

Croissance linéaire vs croissance exponentielle

Les enseignements de Singularity prennent leur source dans l'idée d'une compréhension linéaire vs une croissance exponentielle. La croissance linéaire se rapporte à un taux de changement très constant et anticipé. En mathématiques, les motifs linéaires comprennent l'addition-2+3=5+3=8+3=11. La croissance exponentielle relève, quant à elle, de la multiplication. Par conséquent, même lorsque le taux est constant, la croissance est nettement plus rapide - 2x3=6x3=18x3=54. Comme vous pouvez le constater dans ces deux exemples, en seulement trois étapes, la croissance exponentielle nous fait faire quarante-trois pas de plus que la croissance linéaire, et si la croissance se développe par dix plutôt que par trois, l'écart augmente de quasiment deux mille.

Depuis la nuit des temps, l'humanité n'a cessé d'apprendre, de créer et de s'améliorer. Mais jusqu'au début du XXIe siècle, cette croissance est restée très linéaire. En 1900, on avait constaté que les savoirs doublaient tous les 100 ans environ. Au terme de l'année 1945, le taux de doublement s'évaluait à une occurrence tous les vingt-cinq ans. En 2010, Eric Schmidt, PDG de Google, a indiqué que tous les deux jours, les humains généraient autant de données qu'au cours de toutes les années précédant 2003.[1] Eric Schmidt et Ray Kurzweil estiment désormais que la « courbe de doublement des connaissances » a atteint la barre des douze heures. [2]

Les conséquences de la pensée linéaire dans un monde en pleine croissance exponentielle

Au cœur de cette croissance, le cerveau humain est resté largement linéaire. Nous raisonnons en termes d'heures et de mois. Lorsqu'il s'agit d'élaborer un plan sur cinq ans, nous avons du mal à concevoir quelle croissance exponentielle doit être prise en compte.

Parallèlement, malgré la croissance exponentielle qui caractérise la technologie et l'information, les structures sociales, politiques et de nombreuses entreprises continuent à progresser linéairement. Par exemple, quelques années seulement après mon passage à Singularity, plusieurs de mes projets majeurs ont été annulés. Nous avions préparé des programmes de conduite du changement d'envergure pour des départements RH à déployer auprès de milliers de managers et de dirigeants employés dans ces entreprises, et après des mois de préparation, l'ensemble des trois projets a été annulé à la dernière minute.

Les deux premières annulations m'ont perturbée, et je les ai mises sur le compte d'une mauvaise année. Mais lorsque la troisième est tombée, j'ai eu besoin de comprendre ce qui se passait.

En grande partie, cet état de chaos était une des conséquences de la crise financière de 2008. À la suite de cette période difficile, les entreprises ont redéfini leurs stratégies à intervalles plus réguliers. Les échéances se réduisaient de plus en plus, les employés s'épuisaient à apprendre de nouvelles techniques et de nouveaux processus, et devaient toujours s'adapter à des projets et objectifs en déploiement.

Mon entreprise a été touchée de plein fouet au moment de cette reconstruction massive qui a impacté la manière de voir et les stratégies de mes clients également. Les changements de mentalité conjugués à la courbe exponentielle de l'information ont fait que les dirigeants des entreprises ont tellement modifié leurs stratégies en l'espace de six mois que la formation que nous avions envisagée n'était déjà plus d'actualité.

Ils étaient désolés du désistement et avaient apprécié mon travail, mais ils ont ressenti le besoin de se regrouper entre eux. À partir du moment où ces stratégies seraient déployées, une nouvelle manière de diriger devait produire des idées et des stratégies renouvelées. Mais un chaos d'un genre nouveau a également surgi.

Fuir le chaos ou danser avec le chaos ?

Ces changements rapides et continus sont source de malaises extrêmes. C'est l'équivalent d'un orchestre qui se prépare - chaque instrument jouant une gamme ou un motif différent - sans que l'on puisse toutefois entrevoir une finalité harmonieuse. Le manque de rythme et de mélodie explicite suscite une tension chez les danseurs, et la succession incessante de notes indiscernables donne l'impression que le désordre est maître. L'évolution culturelle est tout aussi déroutante et bruyante.

La plupart des gens fuient ce genre de confusion incessante. Les changements non programmés sont perçus comme dangereux. Nombreux sont ceux qui craignent que les bouleversements continus aboutissent à une perte de leur emploi. Et les changements apportés pour lutter contre la confusion ne font qu'accentuer ces bouleversements. La peur et le stress s'installent. La technologie devient l'ennemi, car, soyons réalistes, qu'allons-nous devenir si un robot effectue notre travail ?

L'installation de caisses automatiques au niveau mondial a bouleversé l'agencement des magasins, les employés ont dû suivre de nouvelles formations et les clients ont été contraints de s'adapter. Ceux qui possèdent des cerveaux linéaires ont rejeté cet avancement parce qu'il ressemblait trop à un véritable désordre. Peu de gens ont compris la valeur des machines en voyant qu'il ne restait plus qu'un seul être humain pour aider les personnes âgées, les handicapés et les femmes enceintes à régler leurs achats.

Bien que la technologie existe depuis plus d'une décennie, la société a hésité à s'adapter. Elle entraîne un chaos au moment de former les caissiers et serveurs afin qu'ils puissent aider les clients à utiliser les caisses automatiques ou les bornes de commande au restaurant. La confusion règne lorsque nos magasins et nos restaurants habituels réaménagent leurs espaces pour s'adapter à la technologie.

Lorsque la croissance exponentielle du monde technologique dépasse le cerveau linéaire, le monde devient source d'inconfort. Tout ce que nous étions habitués à anticiper et à apprécier se transforme, et pour la plupart d'entre nous, cette expérience est désagréable. Alors deux choix s'offrent à nous : fuir le chaos ou danser avec le chaos.

Mon expérience à Singularity m'a aidée à comprendre la courbe technologique exponentielle ; cependant, les perturbations engendrées par la croissance exponentielle à l'ère de l'information n'ont réellement touché mon entreprise qu'en 2015.

Pendant les trois années qui ont suivi, tout le monde a fui le chaos. Il est devenu de plus en plus difficile de planifier des formations pour les clients, alors nous avons revu notre programme pour apprendre aux managers à gérer des changements consécutifs, au lieu de se focaliser sur un seul changement stratégique. Nos formations se sont orientées vers la gestion d'entreprise dans un contexte de perpétuelles révisions. Il nous a fallu plusieurs années de croissance lente et progressive pour sortir du trouble causé par la collision du cerveau linéaire avec la courbe de doublement des connaissances. Mais en 2021 les clients ont fini par reconnaître l'intérêt d'enseigner aux dirigeants et aux collaborateurs des techniques de haut niveau permettant de s'adapter et de gérer le changement.

Comment se focaliser sur le client au sein du chaos ?

Le chaos provoqué par ce phénomène exponentiel a entraîné une pression que je n'avais jamais ressentie auparavant. La vie d'entrepreneur peut être éprouvante, mais en 2018, elle paraissait incontrôlable. Comme la plupart des dirigeants de petites entreprises, j'ai tendance à faire un million de choses à la fois. Je pensais qu'une partie de la charge provenait de mon mode de vie. J'ai alors constaté que même mes clients employés dans de grandes entreprises subissaient la même tension.

Je fais la navette entre Miami et Paris tout au long de l'année. Tandis que mon agenda américain contient peu de temps morts, mon agenda français m'offre au contraire des moments de calme et de repos. Mais cette année-là, tous mes interlocuteurs se sont plaints de leur liste interminable de choses à faire, même en dehors des mois de juin, d'octobre et de novembre, qui sont d'habitude les plus intenses. Le calme de l'été français et des autres périodes de vacances est devenu chaotique. Même les salariés français, pourtant bien protégés par le système social, ont eux aussi ressenti cette intensification.

Singularity avait prédit que le changement continuerait à s'accélérer, mais à défaut d'anticipation, l'emploi du temps de chacun a été affecté par cette accélération. La technologie était censée améliorer notre qualité de vie et nous libérer de la majeure partie de nos tâches. Comment maîtriser la courbe exponentielle du chaos qui accompagne l'accélération à cette époque centrée sur l'information ?

J'ai rapidement remarqué que les entreprises qui avaient résisté à la tempête informationnelle se concentraient davantage sur leurs clients. Les entreprises orientées vers le relationnel se démarquent de leurs concurrents. Mon entreprise a donc commencé à chercher des moyens créatifs pour permettre à nos clients et à leurs équipes de vente ou de production de se connecter de manière plus tangible avec leurs propres clients.

Bien que l'expression « intelligence émotionnelle » ait été attribuée à plusieurs personnes depuis 1930, les applications pratiques de cette compétence non technologique n'ont été exploitées qu'à partir des années 1990. Aujourd'hui, la Harvard Business School la considère comme la « clé de la réussite professionnelle ». [3]

Actuellement, nos formations commerciales mettent l'accent sur le développement de relations approfondies avec le client, car c'est précisément ce facteur humain qui fait toute la différence. Dans ce climat en constante et rapide évolution, le lien personnel et l'attention individuelle permettent aux entreprises de se démarquer de la concurrence.

La courbe des connaissances fait naître le besoin communautaire

Déjà lorsque j'étais étudiante et faisais du théâtre, j'avais constaté l'importance primordiale des rapports humains et des communautés. Mon expérience avec Singularity m'a conforté dans cette idée. Cette semaine passée avec des personnes ayant les mêmes idées que moi a dégagé une telle énergie dans la pièce, que cette énergie m'a accompagnée pendant des mois. Dans ma propre vie, il existe de nombreux espaces communautaires, et je les apprécie tous. Six d'entre eux sont particulièrement significatifs dans ma vie actuelle.

- Ma famille, y compris mes enfants et mes parents.

- Mon équipe chez CA Consulting Group

- Le centre de vacances de mon enfance qui est comme une deuxième famille pour moi, et que mon fils fréquente désormais.

- Mes amis du théâtre rencontrés à l'université de Northwestern et lors de mon ancienne vie d'actrice.

- Le réseau Abundance360, qui réunit chaque année 360 entrepreneurs afin de répondre aux plus grands défis du monde.

- Le réseau Strategic Coach®, un groupe d'entrepreneurs prospères qui s'appuient sur un concept développé par Dan Sullivan appelé The Four Freedoms® (les quatre libertés) : Le temps, les relations, l'argent et l'objectif.

Ces communautés m'apportent de l'amour, du soutien, des encouragements, de l'inspiration et des conseils, et me poussent également à toujours donner le meilleur de moi-même. Ces personnes m'ont permis d'évoluer dans ma vie, elles ont stimulé mon dynamisme, ma confiance en moi, mon ambition, ma motivation et mon engagement.

Au cours des cent dernières années, la société est devenue moins spirituelle et plus laïque. Comme jamais auparavant, la technologie nous a permis d'établir des connexions par centaines, voire par milliers, et pourtant les gens se sentent plus seuls que jamais. [4] Pour pouvoir s'épanouir dans le chaos, il faut apprendre à danser.

Danser offre de nombreux avantages. Le mouvement renforce notre système cardio-vasculaire, améliore la souplesse et développe les muscles abdominaux. C'est bon pour les os, la perte de poids et la mémoire. Mais surtout, cela nous aide à affronter le chaos. La recherche montre que la danse diminue l'anxiété, augmente l'estime de soi, réduit le stress et nous préserve de la solitude et de l'isolement social. [5]

La danse nous permet de communiquer comme peu d'autres activités le permettent. Nous apprenons à devenir synchrones et indépendants en même temps. Chaque danseur est guidé par le même rythme ; parfois certains mouvements fonctionnent par mimétisme ou en miroir, parfois par rejet ou par attraction. L'apprentissage de pas de danse complexes et les nuances propres à chaque partenaire rendent le visuel encore plus séduisant. Quant à la musique, elle ajoute parfois des accords mineurs ou puissants qui renforcent la tension et l'attente au cœur de cet art.

La danse de la vie se déroule à peu près de la même manière. La vie semble parfois confuse et décalée, mais en même temps, nous avons toujours besoin les uns des autres. Nous nous réunissons, nous nous reconnectons et nous nous harmonisons. La tension entre la courbe exponentielle des connaissances et la pensée linéaire est comparable à ces motifs musicaux en suspens, beaux et audacieux lorsqu'on consent à la mise en mouvement.

Lors de mon déménagement récent, l'un des déménageurs a pensé que j'aurais pu être mal à l'aise en constatant qu'ils ne parlaient pas beaucoup entre eux alors qu'ils soulevaient les meubles et qu'ils se déplaçaient dans l'appartement. Il m'a expliqué qu'ils travaillaient ensemble depuis tellement longtemps qu'ils pouvaient prévoir leurs actions sans dire un mot. Ils avaient appris la danse de leur métier.

Toute équipe qualifiée peut atteindre ce niveau d'harmonisation. J'ai vécu une expérience similaire avec mes collègues acteurs à Northwestern. Lorsque j'ai appris à me libérer du bavardage dans ma tête, j'ai su anticiper de manière instinctive les mouvements des autres interprètes sur la scène. Cela est précisément ce que j'entends quand je parle de connexions au sein d'une action.

Développer un champ de compétences autour d'un objectif défini

Évidemment, la technologie ne pourra jamais remplacer le lien humain. C'est pourquoi les relations sont devenues l'un des facteurs clés de la réussite d'une entreprise. Les entreprises sont capables d'évoluer en parfaite harmonie avec la courbe exponentielle de la technologie, mais si elles ne trouvent pas la musique qui s'accorde à leurs clients, si elles ne se connectent pas et ne se mettent pas au diapason de ces derniers, elles perdront le potentiel lié à la notion de beauté.

Alors que notre équipe s'efforçait de maîtriser les effets de l'accélération exponentielle des connaissances, nous avons découvert un champ de compétences qui a permis à mon entreprise d'affronter la tension due à l'interaction entre la vitesse excessive du progrès technologique et du cerveau linéaire. Nous avons découvert que les dirigeants devaient être formés à la conduite du changement. En mettant l'accent sur l'intelligence émotionnelle et en aidant les dirigeants et leurs équipes à mieux comprendre les aptitudes relationnelles, nous pouvons aider les entreprises à améliorer leurs performances et leur bien-être tout en assurant la transformation nécessaire pour rester dans la course.

Avant de pouvoir appliquer le champ des compétences détaillé dans les pages suivantes, il faut définir notre objectif. Les compétences sont divisées en trois groupes : compétences fondamentales, compétences accélératrices et les compétences de conduite. Mais ces valeurs essentielles ont besoin d'une fondation ; elles ont besoin d'une raison d'être. En stratégie commerciale, on fait référence au « Pourquoi ».

Votre objectif vous permet de vous recentrer. Votre « Pourquoi » étaye l'espoir et l'enthousiasme puis permet à votre lumière intérieure de se répandre. Il servira de moteur à vos compétences accélératrices et de point de référence à vos compétences de conduite, le tout émanant d'un socle composé d'espoir, de courage, de concentration, de relations solides, de créativité et de pratique.

Même si vous connaissez votre objectif, il est essentiel de l'affiner en permanence. Tout au long de votre croissance et de vos évolutions, votre raison d'être se transformera et s'élargira.

Chaque année, à Abundance360, Peter Diamandis nous invite à réécrire notre MTP : Massive Transformative Purpose (Objectif de transformation massive). En nous connectant à notre objectif et en l'actualisant chaque année, nous pouvons aborder les douze mois à venir avec plus de lucidité. De même, lors de nos séances de coaching stratégique, Dan Sullivan nous rappelle sans cesse que notre avenir doit être plus vaste que notre passé.

L'un des dispositifs proposés par mon entreprise offre une méthodologie qui permet de découvrir et d'affiner sa raison d'être. Nous vous posons des questions qui vous guident vers votre objectif :

- En quoi votre centre d'intérêt est-il important pour vous ?
- Pourquoi est-il important pour les autres ?
- Qui sert-il ?
- De quelle manière contribuez-vous et comment le monde profite-t-il de votre expérience ?
- Qu'est-ce qui vous inspire et vous motive ?

L'objectif de mon entreprise est de « donner aux gens les moyens de s'épanouir dans un monde en pleine mutation ». Nous nous demandons donc : « Pourquoi est-ce important pour notre équipe ? »

J'admire énormément les associations comme Médecins sans Frontières - où des hommes et des femmes sont prêts à se rendre dans des endroits dangereux du monde pour sauver des vies et mener à bien leur mission. Votre objectif n'a pas besoin d'être aussi périlleux que celui de ces médecins pour avoir de la valeur. Ce sont votre engagement et votre motivation qui confèrent un sens à vos objectifs.

Au fur et à mesure que vous grandissez et que vous évoluez, vos objectifs pourraient radicalement changer. Il faut du courage pour opérer ces changements, mais il faut surtout pouvoir aller au bout de ses passions pour acquérir les compétences que je vais partager.

À travers l'histoire, le chaos n'a cessé de révéler le potentiel de l'humanité. Imaginez le désordre qui régnait lors du transport des biens avant l'invention de la roue. Et le partage de l'information a visiblement provoqué du chaos, des années durant, avant que Gutenberg ne mécanise l'impression, après que d'innombrables talents aient proposé des solutions qui ont elles-mêmes inspiré l'inventeur allemand. Des dangers et des pertes de vie ont incité un homme de la dynastie Han à concevoir la boussole. Imaginez-vous dans quel chaos nous serions sans les nombreux moyens de communication dont nous disposons aujourd'hui.

Nombreux sont ceux qui tentent d'éviter la confusion et l'instabilité engendrées par l'ère digitale. Ils vivent dans un monde caractérisé par la peur et la pénurie. Essayez d'imaginer le monde actuel vu par ceux qui fêtent leur centième anniversaire. Ils étaient loin d'imaginer que les écrans qu'ils regardaient à l'époque où les téléviseurs sont apparus offriraient un jour des centaines d'options de lecture. De même, nous ne pouvons pas imaginer les développements exponentiels qui auront lieu de notre vivant. Certains fuiront le changement, mais ceux qui apprendront à embrasser ces perturbations prospéreront. Alors, allez-vous faire l'autruche et devenir un prophète de malheur, ou allez-vous saisir les opportunités, vivre pleinement l'excitation de ce potentiel et démarrer votre danse avec le chaos ?

PREMIÈRE PARTIE

L'ancrage est fondamental dans la danse

Lorsqu'une danseuse débute, elle apprend d'abord les cinq positions des bras et des pieds et comment passer de l'une à l'autre. Le professeur peut compter le rythme à haute voix, mais la musique ne démarrera pas tant que les élèves n'auront pas une base solide. Les danseurs qui se forment apprennent d'abord les figures et les pas puis se familiarisent avec les différents styles de danse avant d'affronter un public.

La raison d'être d'un danseur est de danser, mais il ne peut atteindre cet objectif tant qu'il ne maîtrise pas les fondamentaux de la danse. Il en va de même dans ce monde en perpétuel mouvement : nous avons besoin de quelques compétences fondamentales pour nous ancrer et rester en équilibre quand le chaos tente de nous faire dévier de notre trajectoire.

L'enracinement linéaire du début du XXe siècle - mariage, accession à la propriété, enfants, carrière - n'est pas adapté au chaos exponentiel du XXIe siècle. Les conventions et les influences extérieures changent aussi vite que les informations que nous téléchargeons. Les êtres humains ont donc, à la place, besoin d'un ancrage intérieur qui va définir notre manière de voir et qui s'enrichit au contact de ceux que nous côtoyons. En apprenant à nous ancrer, il est possible d'évoluer dans ce monde incertain avec confiance et d'apprendre les premiers pas qui nous aideront à danser avec le chaos.

CHAPITRE UN

Espoir

Un jeune homme et son père avaient une entreprise qui prospérait peu. Le fils voulait abandonner et fermer boutique, mais le père voulait poursuivre. Le fils ne comprenait pas ce qui motivait son père. Pour le lui expliquer, l'homme plus âgé a emmené le plus jeune jusqu'à un grand puits. Alors que le fils ne savait pas nager, son père lui a demandé de se jeter à l'eau. Finalement, le père a poussé son fils dans le puits et s'est mis à l'écart. Pendant cinq minutes, le jeune homme a tenté de garder la tête hors de l'eau, mais comme il ne savait pas nager, il a abandonné. Son père est venu le secourir au moment où il avalait une gorgée d'eau au lieu d'une gorgée d'air.

Le lendemain, ils ont recommencé, mais cette fois-ci, le père a disparu pendant quinze minutes. À son retour, son fils se débattait désespérément, mais parvenait à garder la tête hors de l'eau. Tandis que l'homme plus âgé aidait le plus jeune à sortir de l'eau, il lui demanda : « Qu'est-ce qui a changé aujourd'hui, pourquoi as-tu pu rester hors de l'eau pendant si longtemps ? » Le fils a répondu : « J'avais de l'espoir. Je savais que tu viendrais me sauver avant que je ne me noie. » [6]Voilà ce que permet l'espoir. Il nous aide à nous tenir quand le chaos menace de s'abattre sur nous. L'espoir se manifeste d'abord à l'intérieur, comme une petite lumière dans l'obscurité.

Il est facile de laisser nos échecs et nos rêves non réalisés nous dérober notre joie. L'espoir a sa propre vision et une foi en l'avenir. Elle procure l'énergie qui nous pousse à aller de l'avant face à l'inconnu.

Dès que l'espoir recule

Au moment de mes trente ans, je me suis sentie un peu perdue. Je pensais devenir actrice et écrivaine à ce moment-là. J'étais coach pour gagner ma vie, mais je ne parvenais pas à concrétiser ma propre vie. À peu près à la même époque, mes parents ont divorcé et mes relations familiales étaient tendues. Tout dans ma vie me paraissait discordant, difficile et décevant.

Autour de moi, tout le monde avançait dans la vie sauf moi : aucune harmonie ne se faisait entendre. Même après avoir créé CA Consulting Group pour gagner ma vie et concrétiser mes rêves, l'insécurité me guettait. L'espoir, se sentant en échec, n'avait plus de poids et s'évaporait.

On perd espoir pour un grand nombre de raisons. Tout d'abord, l'espoir et le manque d'espoir sont contagieux. Quand toutes les personnes autour de nous sont atteintes du fléau de la négativité, il y a de fortes chances que nous l'attrapions aussi. Le fléau se développe lors d'une détresse financière, émotionnelle ou psychologique ou en présence d'un danger physique. Le Père Greg, prêtre de la paroisse catholique la plus pauvre de Los Angeles, a déclaré : « La violence des gangs traduit l'absence fatale d'espoir ». [7]

L'état d'esprit par la pratique

Pour sortir du désespoir, j'ai commencé à écouter des messages audio subliminaux et affirmatifs. En renouvelant ma manière de penser, j'ai cru pouvoir me retrouver. J'ai écouté ces messages tous les soirs avant de m'endormir et, au bout d'un certain temps, mon regard a commencé à changer ; j'ai retrouvé l'espoir et de l'énergie pour aller de l'avant.

Apprendre l'espoir implique essentiellement un changement de perspective. Dans ce monde d'avancées technologiques exponentielles, nous espérons une connexion Wi-Fi plus rapide et de meilleures conditions de vie. Nous nous sentons lésés quand quelqu'un d'autre obtient une affaire, et quand nous nous retrouvons entravés par les manquements des autres, nous ressentons de la frustration. Il est facile de tomber dans le piège de ce qui est mon droit, un endroit maussade dépourvu de toute beauté. L'état d'esprit focalisé sur des exigences ne se préoccupe que de ce que nous devrions avoir. L'envie l'alimente, car nous regardons ce que les autres ont accompli, et nous nous demandons pourquoi nous avons été laissés de côté.

Je n'ai jamais rencontré mon arrière-grand-père, mais ma grand-mère m'a raconté plein d'histoires à son sujet. Ils sont arrivés aux États-Unis en 1938, juste avant que les frontières ne soient fermées à l'époque de l'Holocauste. Issu d'une famille juive allemande assez riche, mon arrière-grand-père avait avant leur départ une entreprise prospère et une belle maison avec des femmes de ménage et des cuisiniers. Ma grand-mère m'a parlé de leurs vacances de luxe et de leur mode de vie sophistiqué.

Pourtant, lorsque mes arrière-grands-parents ont quitté l'Allemagne, ils ont aussi quitté toute cette richesse et tout ce confort. Ils n'ont rien pu emporter avec eux.

Mon arrière-grand-père avait une cinquantaine d'années lorsqu'il a commencé à travailler à Yale comme cuisinier à la cafétéria. Ma grand-mère disait que son père avait toujours été un homme heureux parce qu'il avait choisi de regarder vers le bas plutôt que vers le haut. Il pensait que lorsque l'on regarde vers le bas, on peut voir des personnes qui ont une situation pire que la nôtre, suscitant ainsi la gratitude pour le peu que l'on a. En regardant vers le haut, vous voyez ceux qui sont mieux lotis ou qui ont mieux réussi, selon vous, et vous vous sentez amer ou défavorisé. Mon arrière-grand-père aurait pu rester focalisé sur sa vie prospère en Allemagne. Mais il s'est concentré sur le fait que sa famille était en vie. Le reste était secondaire.

À la naissance de mon premier enfant, j'ai engagé une nourrice originaire des Philippines. Elle est venue en France pour pouvoir envoyer de l'argent à sa famille. Peu après, j'ai appris qu'au cours de sa première année à Paris, elle avait été violée, avait eu un enfant et l'avait ramené aux Philippines pour qu'il soit élevé par sa famille. Elle n'avait pas vu sa fille depuis cinq ans.

Pendant ce temps, je chipotais sur la meilleure façon de ranger la vaisselle ou sur le modèle de pyjama que James devait porter. Son histoire et son attitude positive en dépit des circonstances m'ont aidée à mettre fin à mon attitude prétentieuse. J'ai commencé à voir à travers son regard et, comme mon arrière-grand-père, j'ai appris à davantage apprécier ma vie.

Une autre jeune mère installée à Miami a également contribué à forger mon état d'esprit. Le plus jeune de ses quatre enfants avait été abattu en Colombie alors qu'il avait deux ans. Auparavant, elle avait perdu son mari dans des circonstances similaires.

Le parcours de chacune de ces deux femmes a été transformé pour toujours. J'ai appris à donner moins d'importance à mes projets et à repenser les choses qui provoquaient chez moi de l'irritation et de la frustration. Lorsque nous avons le sentiment que tout nous est dû sans avoir à fournir d'effort, l'espoir n'est pas sollicité et l'avancement est bloqué.

L'espoir surgit à partir de situations difficiles. Pensez à des vidéos d'enfants victimes de la guerre que vous avez regardées lors de la visite d'associations humanitaires. Ces jeunes gens qui vivent dans des conditions déplorables dansent et rient parce que des volontaires leur ont apporté plus que de la nourriture ou des médicaments : ils leur ont donné de l'espoir.

Une de mes amies de Miami dirige une association pour les enfants défavorisés de Colombie. J'admire sa capacité à gérer des projets à distance, et elle me pousse à l'aider autant que je le peux. Elle se consacre entièrement à ces enfants colombiens, et ses efforts sont porteurs d'espoir dans son pays d'origine.

L'espoir est accessible à tous, quels que soient votre origine et votre métier, que vous soyez ouvrier ou PDG d'une entreprise classée à Fortune 500. Un ami parisien a gardé espoir pendant dix ans, alors que lui et sa femme étaient séparés de leurs enfants. Ils ont manqué une grande partie de la vie de leurs enfants, depuis leur plus jeune âge jusqu'à leur adolescence. Pourtant, le couple n'a jamais abandonné l'idée qu'il pourrait un jour faire venir ses enfants à Paris.

L'espoir ne dépend pas des circonstances ; il est centré autour de votre état d'esprit. Vous avez le pouvoir de changer de perspective en apprenant à vous concentrer sur les points positifs plutôt que sur le négatif. L'état d'esprit est très souvent capable d'évoluer lorsqu'on change nos fréquentations.

Bâtir sa communauté

Mon état d'esprit a radicalement changé lorsque j'ai commencé à établir des connexions plus solidaires et plus positives pour construire un environnement plus qualitatif. À l'époque où j'ai commencé à écouter des enregistrements stimulants et positifs, je me suis également inscrite à l'école de marketing de Jay Abraham, j'ai sollicité John Asaraff pour du coaching et Joe Vitale pour du développement personnel. Malgré mes maigres moyens financiers à l'époque, j'ai trouvé un moyen de payer ces programmes. J'ai pu m'intégrer dans une communauté basée sur l'espoir et l'optimisme, et ces valeurs intrinsèques ont largement dépassé le coût financier. L'expérience est devenue un circuit d'énergie à double sens qui a fait naître un espoir commun.

Les communautés que j'ai mentionnées dans l'introduction apportent chacune de l'espoir, de manière unique et positive. Ma famille, mes amis et mes collègues de travail sont tous une source de positivité. Comme le jeune homme que son père a sauvé, je sais que ces personnes qui font activement partie de ma vie me soutiendront et seront là pour moi les jours où l'espoir se cache.

Le public de Strategic Coach et d'Abundance360 stimule en moi l'espoir à chaque fois que nous nous rencontrons. Ils remplissent la salle d'une lumière et d'une énergie que je ramène et que je transmets à mes proches.

Le sentiment de désespoir n'épargne personne. Tout le monde y est confronté à un moment ou à un autre de sa vie. Cependant, le fait de me connecter à une communauté qui favorise l'espoir m'a aidée à rester sur la bonne voie.

Il suffit de penser à la danse. Oui, la danse en solo est magnifique ; cependant, les jours où l'espoir faiblit, il est parfois difficile de danser seul. Lorsque nous nous sentons fatigués, frustrés ou découragés, le fait d'avoir un partenaire de danse nous permet d'être plus sensibles à la musique et de rester en rythme. Parfois, au cours de la chorégraphie, le partenaire soulève littéralement la danseuse ; c'est exactement ce type de soutien dont nous avons besoin. Comment cela peut-il se produire si nous ne sommes pas intégrés à un environnement stable et plein d'espoir ?

L'espoir dans le monde des affaires

Les agriculteurs offrent l'une des meilleures illustrations de l'espoir en entreprise. Les graines plantées au printemps mettent des semaines à germer et des mois à pousser. Elles sont dépendantes des conditions météorologiques et des propriétés du sol. La plupart des gens ne se rendent pas compte de tout ce qui peut influencer leurs terres. En fait, le risque est si important dans ce secteur que certains agriculteurs souscrivent une assurance récolte pour se prémunir contre les risques. Pourtant, même s'ils savent qu'il est possible que la pluie ne les aidera pas, que la grêle pourrait anéantir tout un champ ou que les cerfs pourraient manger toute la récolte juste avant qu'elle ne soit prête, ces hommes et ces femmes gardent l'espoir de récolter la plupart des graines qu'ils ont plantées.

Tous les domaines de l'activité économique et de la vie présentent des risques et des avantages similaires. Les efforts que vous déployez pour poser les bases de la réussite ne suffisent pas, mais les difficultés surgissent et les performances faiblissent. Lorsque je rencontre des difficultés dans mon entreprise, je me dis que je suis en train de planter des graines et qu'il faudra du temps pour produire des résultats.

Un entrepreneur doit faire face à des journées, des semaines, des trimestres et des années difficiles. Tous ceux qui dirigent une entreprise savent de quoi je parle. J'ai récemment appelé un collègue de travail. Lorsque je lui ai demandé comment il allait, il m'a répondu : « Je passe une journée d'entrepreneur ». Ce jour-là, il n'avait pas décroché un projet, il n'avait pas pu mettre en œuvre ses idées novatrices, sa nouvelle recrue avait décidé de démissionner ou il avait été confronté à l'un des aléas courants de la vie d'entrepreneur. L'espoir nous permet de dépasser les difficultés et de renforcer nos compétences en matière de management. Aussi, parce que l'espoir est contagieux, l'espoir de chacun fait naître l'espoir chez les autres. En tant que chef d'entreprise ou dirigeant d'un secteur d'activité, il est important de réfléchir à l'espoir que vous procurez aux autres et à la manière dont il rassemble et motive. À de nombreuses reprises au cours de ma carrière, j'aurais manqué de courage si je n'avais pas eu une vision plus vaste et plus optimiste, et j'aurais eu du mal à aller de l'avant.

Entreprendre est en soi un acte d'espoir remarquable. Moins de soixante-dix pour cent des entreprises survivent deux ans, et moins de la moitié d'entre elles fêtent leur dixième anniversaire. [8]

Que vous soyez entrepreneur, employé ou parent, l'espoir est primordial. Certains de mes amis sont confrontés à des problématiques difficiles avec leurs adolescents ou leurs enfants majeurs. Ils ont besoin d'espoir pour maintenir le cap pendant les périodes de transition difficiles, faute de quoi ils se focaliseront uniquement sur les aspects négatifs, ce qui pourrait nuire à la relation elle-même.

Mon entreprise a fait appel à une multitude de commerciaux au fil des ans. Lorsque je ne trouvais pas le bon candidat, je persistais, car je crois sincèrement au contenu de la prestation que nous proposons et à notre vision plus grande. Je voulais que mon entreprise se développe et prospère. Pour qu'un projet aboutisse, il faut savoir gérer les échecs.

Différentes compétences seront nécessaires pour progresser et affronter les exigences du monde des affaires, mais l'espoir sous-tend chacune d'entre elles. Il y a un temps pour semer, pour cultiver et pour récolter. Pour aller au bout du processus, il faut être convaincu que ce que l'on plante finira par produire une récolte. Il faut aussi accepter que, parfois, ce que l'on plante ne produise pas les résultats espérés, ou ne produise rien. Dans ces cas-là, il faut que la vision, l'énergie et le désir qui émanent de l'espoir soient une source de motivation pour semer à nouveau.

Le monde a besoin de dirigeants pleins d'espoir

Les professeurs de danse les plus renommés dirigent avec un esprit axé sur l'espoir. Ils introduisent de la positivité parmi leurs élèves et les aident à considérer leurs erreurs comme des possibilités d'amélioration plutôt que comme des échecs. En permettant aux autres de voir le potentiel de ce qui peut être réalisé, on favorise l'espoir, et cette compétence est essentielle pour les dirigeants.

L'espoir constitue une force unificatrice et fédératrice qui rapproche les individus et les aide à surmonter leurs difficultés. Ainsi, ils pourront réaliser des choses extraordinaires ensemble.

Ceux qui permettent à la lumière intérieure de l'espoir de briller se distinguent. Même si vous n'occupez pas encore un poste de direction, si vous pouvez communiquer une vision positive et inspirer les autres à aller de l'avant en période difficile, vous pouvez être un dirigeant dans n'importe quel environnement. Chacun de nos actes construit le futur. Il y a deux manières de se développer : à travers une vision négative et pessimiste ou à travers une vision pleine d'espoir. C'est à vous de choisir les graines que vous semez. Que préférez-vous voir dans votre jardin : des chardons ou des tournesols ?

Les dirigeants ont en outre la responsabilité de surveiller et de nourrir leurs espoirs. Ils donnent le ton pour un avenir positif ou négatif. Nous avons tous un impact, mais les dirigeants ont plus d'influence. Lorsque les dirigeants véhiculent une vision claire, positive et pleine d'espoir - que ce soit à court terme, à long terme ou entre les deux - ils assument la responsabilité de leur ambition et du rôle qu'ils jouent dans la construction de l'avenir. Nous n'avons pas besoin de perfection ou de sourires figés, mais nous avons besoin de dirigeants conscients du pouvoir qu'ils exercent.

Quelle énergie communiquez-vous aux autres ? Transmettez-vous la prospérité ou le manque ? Assumez-vous les conséquences de l'impact que vous exercez sur les autres ? La vision, l'énergie et les idées que vous mettez en œuvre dans le monde font toute la différence. En tant que dirigeant, n'oubliez pas que les collaborateurs se tournent vers vous pour obtenir des conseils et savoir quel est le cap à suivre.

La direction d'une entreprise peut être un lieu de solitude. En 2016, j'ai participé à un programme de coaching d'équipe dirigé par Ruth Wageman, chercheuse à Harvard. Elle a réalisé un travail brillant sur la dynamique d'équipe et sur ce qu'elle appelle « l'erreur d'attribution du dirigeant ». Elle souligne à quel point il est facile de mettre les erreurs, les problèmes ou les contretemps sur le dos du dirigeant, simplement parce que c'est lui qui est en charge. En conséquence, les dirigeants risquent de devenir plus défensifs et de s'isoler.

Les communautés dont nous avons parlé précédemment offrent une excellente alternative à la solitude. Les réseaux de soutien nous permettent de cultiver l'espoir et la positivité. Ils nous permettent notamment de mieux percevoir notre rôle et d'assumer la responsabilité de nos erreurs et de nos réussites. Ces communautés positives nous donnent les moyens de ne pas perdre de vue le positif, surtout lorsque nous portons la responsabilité des nombreuses problématiques du moment. Les individus remplis d'énergie renouvellent notre manière de voir pour que nous puissions devenir une source d'espoir à notre tour, et un exemple de positivité.

Les vrais dirigeants sont porteurs d'espoir dans les moments où le monde paraît sombre et incertain. Lorsque nous transmettons de l'espoir au cœur du chaos, nous aidons les autres à adopter un état d'esprit constructif. L'espoir surgit lorsque nous défendons quelque chose, non lorsque nous nous opposons à une alternative. Les dirigeants pleins d'espérance génèrent la positivité au lieu de stagner dans la négativité. George Washington n'était pas opposé à l'Angleterre, il était partisan de la liberté. Martin Luther King Jr. n'était pas contre la violence, il était en faveur de la paix. Une vision positive est un lieu concret où chacun peut venir inscrire son énergie, son sang, sa sueur et ses larmes.

L'espoir a des répercussions que nous ne verrons peut-être jamais. Quelqu'un qui traverse une épreuve difficile - au sein de votre entreprise ou à côté de vous dans la file d'attente d'un magasin - peut ressentir votre optimisme et le transmettre à son tour. Un dirigeant bénéficie d'occasions variées pour motiver les autres afin de fédérer un avenir positif, cohésif, sain et prospère. Les dirigeants ont plus de portée, d'envergure et d'influence grâce au nombre de personnes qui les écoutent, et le monde a besoin de plus de dirigeants optimistes.

Un avenir porteur d'espoir

Les historiens ont expliqué les époques du passé en mesurant les progrès que chaque époque a permis. Nous connaissons l'âge de bronze, l'âge de fer et la Renaissance. Parmi les époques plus modernes, on peut citer l'ère industrielle, l'ère des machines, l'ère nucléaire et l'ère spatiale. Chaque période a offert à l'humanité un sentiment d'espoir grandissant, grâce à la découverte de méthodes de travail plus efficaces, la valorisation de la beauté et de l'art, l'avancement médical, des modes de déplacement accessibles, des facilités de connexions, et bien plus encore. La liste n'est pas exhaustive, car chaque invention ou découverte fait naître l'espoir d'un monde plus grand, plus beau et plus lumineux.

Abundance 360, Singularity University et d'autres initiatives m'ont permis de prendre conscience de l'ampleur des évolutions technologiques. Or, ces technologies sont susceptibles de s'améliorer de manière exponentielle et ont un impact considérable sur nos modes de vie. Il y a cinquante ans, seule une poignée de personnes pouvait imaginer que nous serions interconnectés en permanence ; aujourd'hui, des enfants de dix ans comme des personnes de quatre-vingt-dix ans possèdent un smartphone. Internet n'en était qu'à ses débuts lorsque j'étais enfant. Aujourd'hui, la notion d'environnement digital est une préoccupation majeure du quotidien. La vitesse et la portée de la technologie vont continuer à s'accélérer, offrant ainsi la possibilité de traiter toutes les maladies ou d'anéantir la terre en deux secondes.

Ces idées ne sont plus réservées à la science-fiction. Elles pourraient véritablement devenir une réalité. Si nous voulons vivre dans un avenir caractérisé par l'équité, où chacun pourra se nourrir, disposer d'eau propre et bénéficier de soins médicaux de qualité, il est essentiel de rester mobilisés et d'inciter les autres à en faire autant. Les médecins et les scientifiques sont aujourd'hui en mesure d'évoluer de manière beaucoup plus exponentielle qu'il y a dix ou vingt ans. Imaginez ce que nous pourrions devenir dans quarante ans si nous adoptons un état d'esprit optimiste et si nous le transmettons aux générations futures.

Nous devrons toujours faire preuve d'intelligence et analyser les risques, mais ce travail d'analyse ne doit pas se substituer à une vision optimiste et inspirante qui encourage les autres à passer à l'action. C'est l'espoir qui structure notre manière de voir, et cela permet des réalisations qui dépassent nos imaginaires les plus démesurés.

Personne ne dispose d'une boule de cristal pour prédire l'avenir avec précision. Thomas Edison espérait que nous pourrions voir un jour sans bougie. Henry Ford espérait faciliter les déplacements et la logistique. Jeff Bezos envoie des fusées dans l'espace dans l'espoir d'y transférer des industries nuisibles afin de préserver la Terre. Tous les progrès de l'histoire découlent d'un espoir en un avenir meilleur.

L'optimisme est le moyen qui permet de construire l'avenir. Au cours de l'histoire, la France a édifié de nombreuses et magnifiques cathédrales nécessitant chacune cent ans de travail au moins. Beaucoup de ceux qui ont conçu ces bâtiments ne les ont jamais vus achevés. Trois générations d'ouvriers français ont posé des pierres dans ces structures élaborées, croyant dur comme fer que les générations futures poursuivraient leur travail jusqu'à leur terme. Nous avons maintenant la possibilité de concevoir une vision future ou d'ajouter notre pierre à un édifice selon la vision rêvée par un autre.

Un avenir plein d'espoir ne pourra pas naître à la suite d'un seul séminaire ou d'un seul discours. C'est peut-être le lieu où il naît, mais l'espoir ne se développe que dans les milieux où les états d'esprit évoluent afin de mieux apprécier ce que l'on a acquis, et envisager le potentiel de tout ce qui reste à accomplir.

L'espoir naît au moment où nous apprenons les premiers pas de notre danse avec le chaos. Comme le ballet ou la danse en ligne, il faut le pratiquer quotidiennement jusqu'à ce qu'il fasse partie de notre ADN. Tout comme les mouvements de notre danse renforcent notre corps et notre santé, l'espoir nous donne de l'énergie, renforce nos mécanismes visionnaires et nous offre un monde plein de possibilités dès lors que nous nous engageons à ses côtés.

L'espoir ne signifie pas afficher un faux sourire dans les moments les plus sombres. Il s'agit d'une lueur intérieure qui, même en cas de coup dur, vous encourage à poursuivre votre route et se projette vers l'extérieur. Lorsque votre entourage voit cette intensité diminuer, il pourra vous éclairer lui-même jusqu'à ce que vous puissiez à nouveau vous débrouiller seul. L'espoir sert de support à l'ensemble de nos compétences. Nous verrons au fur et à mesure comment il se relie à toutes les autres compétences. Sans espoir, il est pratiquement impossible d'affronter le chaos et de se lancer dans l'inconnu exponentiel de l'avenir. Nous verrons ensuite que l'espoir est l'une des pierres angulaires qui favorisent le courage.

Pistes de conversation Genie™ pour l'Espoir

Allez sur www.talk2genie.com et tapez l'une de ces amorces de conversation :
- Réfléchissons à la gratitude
- Je veux faire un exercice de vision de l'avenir
- Aidez-moi à écrire des affirmations positives
- Créons des objectifs pour un avenir plein d'espoir
- Je veux créer un journal de l'espoir

Conseils pratiques pour renforcer votre jeu avec l'Espoir.

Soyez réaliste, restez simple, vous êtes une rock star ☺

Ces exercices sont conçus pour vous aider à adopter une attitude positive et à développer votre résilience dans un monde complexe et en constante évolution. Rappelez-vous que l'espoir est un phénomène que vous pouvez cultiver et renforcer à travers une pratique volontaire. Développer l'espoir vous aidera à vous sentir ancré et favorisera l'optimisme au sein d'un monde chaotique.

Plongez dans la gratitude :
Prenez quelques minutes par jour pour penser ou noter trois choses pour lesquelles vous êtes reconnaissant. Il peut s'agir de petites ou de grandes choses que vous avez vécues. Demandez-vous pourquoi vous êtes reconnaissant à leur égard. Il est tout à fait légitime de se concentrer sur des choses récurrentes ou de modifier son point de vue. Tout ce qui vous inspire de la reconnaissance vous aidera à déplacer votre attention : au lieu de vous focaliser sur la frustration ou l'inquiétude, vous vous concentrerez davantage sur les aspects positifs de votre vie, stimulant ainsi l'espoir.

Rêver à travers un « Vision Board » :
Réalisez un vision board ou un collage numérique représentant vos aspirations et vos objectifs. Rêvez grand. Rêvez en toute liberté. Incluez des images, des mots et des symboles qui vous donnent de l'espoir pour votre avenir. Affichez- le à un endroit où vous pourrez le voir tous les jours pour vous souvenir de vos objectifs et du potentiel des changements positifs. Pour vous libérez de toutes contraintes, commencez par quelques éléments seulement et ajoutez-les à votre vision board quand vous vous sentez inspiré.

Les actes de bienveillance :
Réalisez régulièrement mais au hasard des actes de bienveillance ou de simples gestes de générosité. Il peut s'agir d'aider un collègue à respecter un délai court, d'envoyer un message attentionné à un ami ou de dire à l'employé d'un magasin local que vous appréciez sa disponibilité. La gentillesse et l'aide apportées aux autres peuvent renforcer votre propre sentiment d'espoir et de bien-être. Pensez à la satisfaction que procure un sourire, en particulier lorsque celui à qui vous souriez ne s'y attend pas.

CHAPITRE DEUX

Courage

En pleine période nazie, un couple juif allemand a dit au revoir à leur fille de seize ans alors qu'elle montait à bord d'un bateau pour les États-Unis. Ils faisaient tout leur possible pour la protéger des horreurs de l'holocauste. Pourtant, voir leur fille unique s'envoler vers une terre inconnue provoque des larmes et de la peur. Ils savaient qu'ils n'entendraient plus parler d'elle jusqu'à ce qu'elle arrive à destination, et que même à ce moment-là, la communication serait limitée, si tant est qu'elle soit possible. Ils ont pris le risque des dangers d'un voyage en mer et connaissaient les épreuves que les jeunes femmes rencontraient lorsqu'elles voyageaient seules. Leur décision a demandé du courage, mais ils étaient persuadés que la vie de leur fille en dépendait.

J'ai toujours admiré le courage de cette adolescente. Elle a laissé derrière elle tout ce qui lui était familier au profit d'une vie incertaine. Est-ce que quelqu'un parlerait sa langue lorsqu'elle débarquerait ? Les cousins éloignés avec lesquels ses parents ont correspondu et qu'elle n'a jamais rencontrés, prendront-ils vraiment soin d'elle ? Ce nouveau pays ressemblerait-il à son pays d'origine ?

Lorsque j'ai emmené mes jeunes enfants à la Statue de la Liberté, j'ai pris conscience de tout ce que cette adolescente avait dû affronter. Cette jeune fille courageuse était ma grand-mère maternelle. Son bateau a accosté à Ellis Island, et Lady Liberty a été sa première image de ce pays.

Mes enfants et moi avons visité New York en août. Pour des enfants de trois et sept ans, le trajet en ferry était excitant, mais je ne suis pas sûre qu'ils aient pu comprendre la signification de cette excursion touristique new-yorkaise. Lorsqu'ils seront plus âgés, je continuerai à leur raconter l'histoire de notre passé, car je veux qu'ils comprennent la décision majeure et courageuse que leurs ancêtres ont prise pour nous offrir la vie que nous avons aujourd'hui. Ils sont là parce que quelqu'un a eu le courage d'affronter la peur et de marcher vers l'inconnu.

Le courage fait naître le courage

Certains confondent le courage avec l'audace. Mais l'audace, ce n'est que de la folie. Lorsque nous sommes confrontés à un danger ou à une situation inconnue, il est normal d'avoir un peu peur. La peur nous permet de rester vigilants. Le courage nous donne juste le pouvoir d'affronter la peur. Merriam-Webster définit le courage comme la force mentale ou morale de s'aventurer, de persévérer et de résister au danger, à la peur ou à la difficulté.

Le courage de mes arrière-grands-parents a frayé un chemin à ma famille, et notre courage ouvre la voie aux générations suivantes, qu'il s'agisse de notre famille, de nos amis ou de nos collègues de travail. Le courage consiste à prendre position même lorsque cela est impopulaire. C'est aussi avoir la force d'essayer en dépit des obstacles qui se dressent. Les personnes courageuses affrontent leurs peurs, quittent leur zone de confort et prennent des risques désagréables. Dans les affaires, celui qui a du courage s'engage dans des projets qui lui tiennent à cœur, même s'il y a des chances qu'ils échouent. Le courage vous permet de vous faire entendre alors qu'il serait plus facile de se fondre dans le décor. Il faut du courage pour expliquer les avantages de votre idée à quelqu'un qui n'a pas une vision exponentielle de la situation. Le courage consiste à poser des questions difficiles et à trouver la bonne personne à qui parler, même si cela signifie qu'il faut commencer par le sommet de la hiérarchie.

Lorsque nous sortons de notre carcan, les gens doutent de nos capacités, et même ceux qui veulent nous soutenir peuvent parfois briser nos aspirations. Il faut du courage pour aller de l'avant quand ceux en qui nous avons confiance ne partagent pas notre vision. Ma cousine Lisa a récemment fait preuve de courage en décidant de perdre 35 kilos en dix-huit mois. Le changement complet de mode de vie qu'implique cette décision constitue un grand pas dans l'inconnu. Constater qu'il y a du doute dans le regard des autres, lorsque l'on se lance dans une entreprise d'une telle envergure, peut être décourageant - ce mot signifiant littéralement « priver de courage ». La victoire courageuse de Lisa inspire aujourd'hui d'autres personnes à s'aventurer sur la voie d'une meilleure santé et d'une plus grande confiance en soi.

Et c'est là que réside l'une des grandes valeurs du courage. Le courage engendre la confiance en soi. Une fois le premier obstacle franchi, vous serez convaincu de pouvoir surmonter le suivant et, à chaque succès, ce qui paraissait terrifiant vous semblera moins difficile et moins intimidant. En retour, vous pourrez affronter l'épreuve suivante avec un peu plus de courage que la première fois. Cela ne signifie pas que vous n'avez plus peur, mais plutôt que vous avez l'impression d'avoir plus de pouvoir pour affronter la peur.

Quelles conséquences lorsque la peur l'emporte ?

Au départ, les épreuves peuvent paraître intimidantes. Nous sommes tiraillés dans plusieurs directions parce que nous n'avons pas encore acquis la confiance en soi requise pour réaliser notre projet ou suivre nos passions. C'est comme si on demandait à une jeune danseuse de chorégraphier sa propre danse ou à un musicien de faire un peu d'improvisation pour la première fois. Bien qu'ils connaissent les mouvements ou les notes, ils ont suivi le chemin tracé par quelqu'un d'autre pendant si longtemps qu'ils ne peuvent envisager de s'approprier leur art. Pour chacun d'entre eux, lorsque la musique commence, ils seront tentés d'imiter des motifs qu'ils ont déjà dansés ou joués, et plus il y aura de spectateurs, plus la peur de l'échec sera grande. Personne n'aime avoir l'air idiot.

Malheureusement, certains n'essayent jamais. Ils renoncent parce qu'ils craignent de décevoir le public. Lorsque j'étudiais le théâtre à Northwestern, j'ai renoncé à auditionner pour certaines pièces parce que je ne pensais pas être assez compétente. Je n'ai pas eu le courage de monter sur scène et risquer de paraître ridicule. Au lieu de cela, je me suis contentée de petits rôles ou…pas de rôle du tout !

Il en va de même dans le monde des affaires. Il n'y a pas de danger à suivre le schéma de quelqu'un d'autre ou un schéma qui a fonctionné pour le dernier PDG, et pour quelques-uns, ce lieu rassurant apportera de la satisfaction. Cependant, pour le véritable entrepreneur ou danseur ou musicien, suivre la voie tracée par quelqu'un d'autre est synonyme d'ennui, de dépression et d'insipidité. Lorsque nous laissons l'intimidation ou la peur contrôler nos actions, il n'y a ni défi, ni aventure. Il faut du courage pour vivre sa vie idéale.

Seuls les courageux écrivent l'histoire

Le courage est un sujet intemporel. D'ailleurs les livres d'histoire sont remplis de récits de bravoure et de cheminements à contre-courant qui ont créé du changement. Socrate a refusé d'abandonner les idées philosophiques qui ont déterminé la façon dont nous pensons et traitons les connaissances aujourd'hui. Même après avoir été arrêté et menacé de mort, il a courageusement préservé ses convictions.

Beaucoup connaissent Paul Revere, mais peu savent que Sybil Ludington, âgée de seize ans, a risqué sa vie en parcourant quarante kilomètres au milieu de la nuit pour avertir les révolutionnaires américains de l'arrivée des Britanniques. Casper ten Boom et sa famille ont caché de nombreux Juifs et les ont aidés à s'enfuir durant l'Holocauste. Sa fille, Corrie, est devenue célèbre après avoir raconté qu'elle était la seule survivante de sa famille après leur arrestation et leur emprisonnement dans un camp de concentration.

Je ne peux pas énumérer tous les hommes et toutes les femmes qui ont tout risqué pour garantir notre liberté, notre sens de l'aventure et notre style de vie confortable. Aujourd'hui encore, chaque progrès ou découverte majeure est le résultat de l'audace de quelqu'un qui a osé sortir des sentiers battus, s'aventurer dans des zones inconfortables ou peu familières, ou affronter l'inconnu.

Le courage telle une pratique physique

J'ai dû faire preuve de courage plus d'une fois pour arriver là où je suis aujourd'hui. Après avoir terminé mes études secondaires, j'ai courageusement poursuivi une carrière dans laquelle peu de gens se risquent. Je me suis lancée dans la vie de comédienne sans plan de secours, et même si je ne suis pas restée longtemps dans ce domaine, j'ai au moins compris que je pouvais rater mes objectifs tout en réussissant. Le fait d'essayer est une réussite en soi. Le courage est un formidable maître, même lorsque le projet initial ne se réalise pas.

Il y a plus de vingt ans, après avoir obtenu mon diplôme universitaire, je suis partie des États-Unis qui m'étaient si familiers, pour m'installer en Europe. Ces premières années en France ont été pleines d'émerveillement et de découvertes, mais aussi de moments de doute profond. Je ne connaissais personne. Ma famille a exercé une forte pression sur moi pour que je rentre. J'essayais de me lancer dans le théâtre français avec un accent américain prononcé, ce qui limitait les rôles pour lesquels je pouvais auditionner. J'avais des ressources financières limitées en enseignant l'anglais à des cadres d'entreprise. Ainsi de suite. Il m'a fallu du courage pour suivre mon cœur, tenir bon et trouver le moyen d'aller de l'avant.

Le courage m'a également aidée à créer mon entreprise et à surmonter les défis opérationnels auxquels tout entrepreneur est confronté. Il m'a permis de continuer à avancer même lorsque tout semblait compromis par la croissance exponentielle de la technologie et l'évolution constante des systèmes d'entreprise. Le courage que j'ai acquis au cours de ces aventures m'a permis de surmonter l'épidémie de COVID et de réinventer mon entreprise tout en élevant deux jeunes enfants.

Les exemples de courage sont innombrables. Helen Keller a affronté la peur d'un monde sombre et silencieux. Je n'ose imaginer ce qu'elle a ressenti lorsque Anne Sullivan, une parfaite inconnue, l'a obligée à s'exprimer avec des signes. Plus la jeune fille progressait, plus son courage grandissait, jusqu'à ce qu'elle devienne l'un des principaux défenseurs des communautés de malentendants et de malvoyants. Bien qu'elle ne puisse ni voir ni entendre son public, elle a courageusement transmis à des milliers de personnes un message d'espoir et de courage et a changé la perception des handicaps dans le monde.

Chaque fois que j'ai dû faire preuve de témérité pour accomplir une tâche, j'ai renforcé ce muscle du courage. À chaque fois que je termine une tâche, je sais que je peux accomplir la tâche suivante. Même les échecs renforcent le courage, car ils nous apprennent qu'avoir l'air ridicule n'est pas aussi mortel que nous le pensions. C'est comme une ballerine qui apprend à faire des pointes. La première fois qu'elle se lève sur la pointe des pieds, cela fait mal, mais plus elle le fait, plus ses jambes deviennent fortes, jusqu'à ce que ses pirouettes et ses sauts semblent se faire sans effort.

La danse avec le chaos exige du courage

Danser au cœur du chaos des changements exponentiels d'aujourd'hui demande du courage. Il y a cent ans, les gens consacraient toute leur vie à l'acquisition de connaissances. La plupart d'entre eux sont restés dans le même domaine professionnel pendant soixante ans, et les leçons apprises dans leur jeunesse ont servi de base pour la suite. Chaque année, de nouvelles pierres ont été ajoutées à leur édifice.

Les changements accélérés du XXIe siècle nécessitent de repartir de zéro à plusieurs reprises. Aujourd'hui, les gens changent d'emploi en moyenne douze fois au cours de leur vie professionnelle, et 52 % de la population active envisage chaque jour de changer complètement de carrière. Sachant que 9 % de la population a une véritable phobie du changement[9] [10] et que 71 % déclarent en avoir peur, affronter la mutation de la courbe exponentielle nécessitera un surcroît de courage. Lors d'un sondage, huit personnes sur dix ont admis avoir « raté des occasions en or » parce que la peur de l'inconnu les avait retenues. [11]

Lorsque nous comprenons que nous ne sommes pas les seuls à avoir peur, c'est un peu plus facile de sortir de notre zone de confort. En faisons preuve de courage, nous nous apercevrons même que de nombreuses personnes qui nous intimident à cause de leur succès, finalement nous admirent. Eux aussi ont été confrontés à la perspective effrayante de repartir à zéro. Ils savent ce que c'est que de se relever après un échec. Alors, lorsqu'ils vous voient vous lancer dans l'inconnu ou sortir de votre zone de confort, ils vous encourageront sûrement. Et honnêtement, si ce n'est pas le cas, vous ne devriez probablement pas travailler avec eux ou essayer de les impressionner.

L'une des plus belles choses qui se produisent lorsqu'on renforce son courage et que l'on agit avec audace, c'est de susciter l'espoir chez les autres. Oui, ces principes fondamentaux de la danse avec le chaos sont tous intrinsèquement liés. L'espoir fait naître le courage et le courage fait naître l'espoir. Et pas seulement pour vous. Ceux qui vous verront faire preuve de courage même en cas d'échec reprendront espoir à leur tour. En faisant preuve de courage et en insufflant de l'espoir, vous constaterez également la valeur ajoutée de votre concentration.

Pistes de conversation Genie™ pour le Courage

Allez sur www.talk2genie.com et tapez l'une de ces amorces de conversation :
- Faisons une réflexion sur le courage
- Aidez-moi à écrire des affirmations de courage
- Suggérer quelques petits actes de courage
- Élaborer un plan d'affrontement de la peur
- Je veux visualiser la façon dont je surmonte une peur
- Aidez-moi à prendre une décision courageuse

Conseils pratiques pour renforcer votre jeu avec Courage.

Soyez réaliste, restez simple, vous êtes une rock star ☺

Ces exercices associent la pleine conscience, l'exposition progressive et l'autoréflexion pour vous aider à renforcer votre courage et votre ancrage dans un monde qui s'accélère tout en restant imprévisible. En affrontant vos peurs, en mettant le courage en pratique et en vous appuyant sur des affirmations, vous pourrez accroître votre résilience et votre confiance en vous lors de moments imprévisibles.

Sortir de sa zone de confort :
Lancez-vous régulièrement des défis pour sortir de votre zone de confort, par le biais d'actions simples. Qu'il s'agisse de prendre la parole lors d'une réunion, d'assumer une nouvelle responsabilité au travail ou d'entamer une conversation difficile, chaque situation inconfortable vous procure le courage et la confiance nécessaires pour relever des défis de plus grande envergure. À chaque fois que vous sortirez de votre zone de confort, prenez un moment pour vous féliciter de l'avoir fait. Il est important de toujours souligner son propre courage, peu importe le résultat de son action.

Prenez un moment pour réfléchir à une situation à venir qui vous permettrait de sortir de votre zone de confort. Une fois que vous avez trouvé cette situation, notez-la dans votre calendrier afin de vous engager à la réaliser.

Affrontez vos peurs :
Identifiez une peur ou une angoisse qui vous empêche d'atteindre un objectif auquel vous tenez. Engagez-vous à l'affronter progressivement. Commencez par prendre des mesures simples pour affronter cette peur, et augmentez progressivement le défi en gagnant de l'aisance. Cette pratique

permet de se détacher de la peur et aide à développer le courage nécessaire pour y faire face de manière efficace. Vous vous sentirez plus ancré et plus à même de faire face aux défis et aux doutes qui se présenteront.

Affirmations quotidiennes :
Créez une liste d'affirmations quotidiennes axées sur le courage et la résilience. Récitez ces affirmations chaque matin ou chaque fois que vous en aurez besoin de reprendre confiance en vous. Voici quelques exemples : « Je suis courageux et capable », « Je relève les défis avec courage » et « Je résiste à l'adversité ». Si vous souhaitez obtenir des résultats encore plus significatifs avec cet exercice, regardez-vous dans le miroir et exprimez-vous à voix haute. Il se peut que vous vous sentiez un peu mal à l'aise au début, mais vous obtiendrez des résultats étonnants ! En plus de développer votre courage, cette pratique vous permettra de renforcer votre relation avec vous-même.

CHAPITRE TROIS

Focus

L e focus consiste à créer un centre d'attention autour d'une activité, d'une personne ou d'un événement spécifique. Il est fondamentalement relié à l'ancrage, car le focus dépend de l'objectif fixé. Comme je l'ai déjà indiqué, il est indispensable de toujours se fixer un objectif.

Le principe du focus m'échappait auparavant. Comprenez-moi bien, je n'avais aucun problème de concentration, je pouvais me concentrer n'importe où, n'importe quand, pendant de longues périodes sans aucun problème. Mais la concentration et le focus ne sont pas nécessairement la même chose.

Jusqu'à ce que je rejoigne Strategic Coach en 2021, j'ai passé quinze ans et demi à me laisser porter par une énergie brûlante située dans mon ventre. Dès qu'une idée me venait, je la suivais. Sans objectif défini, je ne savais pas sur quoi focaliser et je n'avais pas d'objectif permettant de prioriser ma liste de choses à faire. Comme beaucoup d'entrepreneurs, je n'avais pas de méthode efficace pour focaliser mon centre d'attention. J'en faisais souvent trop. Je savais que si je me concentrais sur un nombre limité de projets, je parviendrais à les mener à bien avec de meilleurs résultats. Mais cela me frustrait de savoir que je passais à côté d'un grand nombre de choses intéressantes. Je voulais tout faire !

En étudiant avec Strategic Coach®, j'ai appris à faire la différence entre focus et concentration. Le focus véritable touche aux points essentiels, et permet d'élargir sa vision et son objectif. Bien que le concept puisse sembler logique et facile à comprendre, sa systématisation et sa mise en pratique peuvent s'avérer complexes. Strategic Coach réunit des groupes d'entrepreneurs motivés et performants, permettant ainsi un partage d'expériences, d'états d'esprit et de sagesses de qualité. Écouter les autres parler de leurs réussites et de leurs difficultés m'a servi de miroir pour mieux comprendre mon entreprise, les membres de mon équipe, mes clients, moi-même et nos résultats de manière beaucoup plus approfondie.

Débutez par la fin

Avant de vous focaliser sur quoi que ce soit, il faut que vous sachiez ce qui vous passionne. Il est impératif de définir son objectif et de se demander à quoi le résultat final doit ressembler. Ensuite, vous pourrez réduire votre nombre de tâches et atteindre votre finalité.

Une fois que la finalité sera clairement définie, deux options s'offrent à vous. Allez-vous effectuer le travail vous-même ou sera-t-il délégué à des collaborateurs ?

En choisissant d'être vous-même sur le terrain, il faut à tout prix éviter d'avoir en permanence la tête dans le guidon.

Il arrive que l'on s'attache tellement aux détails que la vision plus grande se brouille. C'est pourquoi il est important de se focaliser, car vous saurez précisément sur quoi il faudra rester concentré.

Si, au contraire, vous choisissez de déléguer, commencez par vous assurer que la personne qui s'occupera du projet dispose de la méthodologie attendue. Il faudra également un programme pour bien former le collaborateur.

En établissant la finalité, il faudra également déterminer les objectifs à long, moyen, court et très proche terme, et établir des transitions pour passer de l'un à l'autre. Malheureusement, la complexité et la vitesse d'évolution du monde actuel pourraient vous faire dévier, c'est pourquoi il faut voir loin en termes d'objectifs immédiats - ou à court terme - en gardant la finalité en la ligne de mire. Si cet objectif final n'est pas toujours et impérativement au premier plan, votre concentration s'épuisera sur des points en deçà de votre potentiel global.

Nous avons tous du mal à élargir notre vision, parce qu'il s'agit d'un exercice difficile. Comprendre ces étapes est d'une simplicité presque déconcertante. Commencez par élaborer une représentation globale et suffisamment précise des résultats à long terme. Ensuite, divisez ce schéma en objectifs à court terme fondés sur l'action. Chacun de ces sous-objectifs sera un tremplin qui vous mènera vers votre objectif principal.

Bien que le processus en question soit simple, il n'est pas facile de s'approprier l'espace mental nécessaire à sa mise en œuvre. La plupart d'entre nous éteignent des incendies depuis si longtemps qu'il est difficile de renoncer à cette habitude. Nous pourrions progresser de manière significative en consacrant deux heures chaque semaine à la planification stratégique, mais ces deux heures semblent de trop lorsque les feux s'allument.

En vous focalisant sur l'essentiel, vous vous autorisez à dire non. Vous pourrez sans doute trouver une solution à chaque problème, mais le temps passé à cela n'entre pas dans la vision élargie de votre schéma global. Sauter à pieds joints dans l'action peut être tentant, mais adopter un nouveau mode de pensée qui commence par la phrase : « Non, attendez » permet de se libérer pour atteindre ses objectifs et donner du sens.

Chaque fois que nous sommes tentés d'agir dans la précipitation, il est bon de se demander : « Cette décision me servira-t-elle des années plus tard, ou bien vais-je perdre le fil dans le feu de l'action ? »

Le focus en partage

Les individus et les entreprises ne détaillent jamais suffisamment la définition de leur vision plus grande pour parvenir à un focus véritable. Si certains cadres supérieurs parmi mes clients ont une vision extrêmement claire qui se reflète dans la culture de l'entreprise, il est plus courant pour les dirigeants de se doter de méthodes remarquables qui pourtant ne se transmettent pas. Une clarté au sommet qui ne se diffuse pas à tous les niveaux de l'entreprise réduit les chances d'atteindre ses objectifs. Pour réussir, il faut se focaliser sur l'objectif à atteindre et avoir une compréhension précise de tout le système. Faute de focus et de finalité, vous risquez de manquer la cible, de n'atteindre votre objectif qu'en partie ou de dépenser de l'énergie inutilement.

Avant de définir mon objectif, je me contentais généralement de bifurquer en direction du chemin le plus logique. Avec le recul, je me suis rendue compte que j'aurais mieux fait de suivre ma vision. J'avais de la concentration et de la capacité d'adaptation sans les bénéfices d'un focus optimal. L'entreprise a été efficace et s'est développée, mais nous aurions pu faire beaucoup mieux. Ce sont le focus et la clarté qui déterminent les choix à opérer à chaque point d'inflexion, afin de garantir que l'ensemble de la trajectoire évolue dans la bonne direction.

Aujourd'hui, dans la plupart des entreprises, chacun gère ou participe à une série de projets différents. Sans clarté vis-à-vis des projets clés et une définition du résultat clé, vous gaspillerez et disperserez votre énergie. Personne ne peut se concentrer à deux cent pour cent sur chaque projet, c'est pourquoi il est indispensable de focaliser de manière ciblée, et de prioriser. Créer sa vision plus grande et préciser les points de focus nous aident à ne pas nous laisser emporter.

Le focus et le besoin d'ajustement

Mon entreprise s'adapte et se réinvente en permanence. Si nous ne sommes pas clairs et focalisés, ces adaptations pourraient nous distraire et nous empêcher d'atteindre notre véritable objectif. En définissant les aspects les plus importants, nous nous concentrons sur l'essentiel dans un contexte de transformations et de perturbations.

Comme la bague qui tourne autour de l'objectif d'un appareil photo pour permettre la netteté de l'image, en développant le focus, notre raison d'être sera d'autant plus nette. Ces mêmes principes d'optimisation qui touchent la raison d'être et le focus peuvent aussi s'appliquer à d'autres aspects de la vie : le succès sera également au rendez-vous à ces endroits.

Mes enfants sont en tête de liste de mes priorités, suivis par la gestion de mon entreprise. Je consacre également de l'énergie et de l'attention à d'autres aspects de ma vie, mais le fait de définir ces deux points en tant que passions principales me permet de filtrer plus facilement pour exclure tout ce qui entrave ma vision de la vie.

Le focus accordé à mes enfants semble très différent de celui que j'accorde à mon entreprise, mais la compétence sous-jacente est la même. Mettre le focus sur ma famille signifie passer du temps avec mes enfants, leur inculquer des valeurs importantes et m'assurer qu'ils sont heureux, en bonne santé et qu'ils progressent dans leur vie quotidienne. J'ai des projets à long terme au sujet de leur éducation et la façon de les aider à trouver leurs propres objectifs et leur vision plus grande.

Le fait d'avoir deux centres d'intérêt principaux signifie que mon temps est partagé entre ma famille et mon entreprise, mais ce temps n'est pas toujours réparti de manière égale. Par exemple, à la naissance de chacun de mes enfants, mon focus s'est porté sur l'accouchement et les soins à donner à un nouveau-né.

Avant d'avoir des enfants, je passais plus de temps avec mes amis. Je les aime toujours autant, mais le fait d'être mère m'a amenée à restreindre ma vie sociale. Faire ces ajustements et trouver un équilibre entre ma famille et mon entreprise est une danse à part entière. Parfois, ce sont les enfants qui guident, et à d'autres moments, c'est l'entreprise. Et quand la chanson s'arrête, je peux passer un peu de temps avec mes amis.

En définissant une raison d'être pour votre entreprise et pour les autres aspects importants de votre vie, vous parviendrez à vous focaliser et à répartir votre temps et votre énergie en conséquence.

Vous pouvez avoir un, deux ou plusieurs points de focus. J'ai dans mon équipe une coach brillante et talentueuse avec laquelle je travaille depuis quinze ans. L'une de ses principales préoccupations est de ne pas se laisser déborder ou bousculer. Je l'ai vue à maintes reprises changer et adapter son focus, toujours avec habileté. Elle le fait en communiquant clairement sa vision, ses priorités et ses limites, et en se respectant assez elle-même pour que ses actions le traduisent. Elle admire mes accomplissements professionnels, mais elle compartimente son focus de manière différente. Elle a choisi trois ou quatre points de focus, qu'elle adapte en fonction des besoins.

Le nombre de vos points de focus n'est pas important, mais il est essentiel que vous sachiez les identifier afin de savoir comment procéder. La danse devient fatigante et confuse lorsque nous nous dispersons en voulant consacrer du temps à chacune de nos activités. Une vision d'ensemble élargie et claire permettra de mieux focaliser son attention et vous aidera à fixer des limites afin de pouvoir donner le meilleur de vous-même, dans chaque domaine prioritaire.

En adoptant ce mode de vie, vous attirerez des personnes dotées des mêmes qualités que vous. La dynamique devient un cercle vertueux, car vous vous nourrissez de l'énergie de chacun et vous renforcez les compétences de l'autre. De même, si vous ne cultivez pas votre focus, vous risquez de repousser les personnes que vous souhaitez réellement attirer, que ce soit sur le plan personnel ou professionnel.

En définissant votre focus, votre clarté et votre raison d'être, vous vous rendrez peut-être compte que l'école de votre enfant ne correspond pas à vos valeurs. Vous prendrez alors des décisions sur la base de cette nouvelle approche.

J'ai raconté comment j'ai réussi à approfondir mon approche du focus à travers Strategic Coach pour encourager chacun à réévaluer sa manière d'atteindre une vision plus grande. Nous sommes tellement nombreux à pouvoir nous concentrer ou à avoir un minimum d'attention, mais nous pourrions aller beaucoup plus loin.

Quel que soit votre degré de focus actuel, vous pouvez continuer à l'affiner. Prendre le temps de définir sa raison d'être et la réexaminer à intervalles réguliers vous aidera à affiner votre champ de compétences.

Vers un management focalisé

Au sein d'une équipe, clarifier la vision à long terme et créer des étapes opérationnelles permet de s'assurer que tout le monde avance dans la même direction. Lorsque des dirigeants communiquent ce processus à leur équipe et font preuve de focus en ne permettant pas au dialogue de dévier de son cours, ils créent un espace propice à la collaboration et permettent aux membres de l'équipe de jouer un rôle plus important dans la prise de décision.

Cette stratégie permet à notre entreprise de former des dirigeants qui partagent notre vision. En apportant davantage de clarté à chaque projet, les dirigeants peuvent faire avancer leurs projets avec plus d'efficacité. Chaque dirigeant est comme le chorégraphe d'une troupe de danse ou le meneur dans un couple qui valse. Ses moindres mouvements indiquent au reste de l'équipe la direction à prendre. Dans les affaires, transmettre des repères clairs, relève de la même vitalité que lorsqu'on danse une valse avec un partenaire. Et le fait d'être celui qui suit et lit chaque signal avec précision a autant de valeur. Lorsque l'objectif est clairement communiqué et que le dirigeant fait preuve d'un focus qui peut facilement être suivie, un projet peut être mené à bien avec la même beauté qu'un ballet synchronisé.

Dans son livre Traction, Gino Wickman compare une équipe commerciale à une équipe de rameurs. Il est impératif que tous les rameurs progressent de concert, en se focalisant sur une destination commune. À chaque coup de rame simultané, le bateau glisse de plus en plus vite. Leur synchronisation est source d'efficacité. Des harmonisations semblables permettent d'obtenir une formidable aptitude pour aller au bout.

Certains pensent que prendre le temps de clarifier leur vision et les étapes à réaliser pour concrétiser leur raison d'être les ralentira, mais au contraire, ces actions simples renforcent votre capacité à atteindre vos objectifs. Il est fréquent que les individus et les entreprises soient pris au dépourvu dans ce tourbillon. Mais en vous focalisant sur la danse, sur le dirigeant et sur la beauté du moment, vous parviendrez à vous propulser vers la réalisation d'une raison d'être plus globale.

Le focus évite l'essoufflement

Lorsqu'une danseuse étoile exécute une pirouette parfaite, elle se focalise sur un point pendant qu'elle tourne, et à chaque pirouette, sa tête pivote pour que ses yeux soient toujours fixés sur ce point focal. Si ses yeux suivaient son corps, elle serait prise de vertige et tomberait à la renverse, mais en se focalisant précisément, elle peut rester en équilibre sur un orteil et poursuivre la virevolte aussi longtemps que la musique l'exige, un exploit qui suscite toujours l'admiration du public.

La concentration a toujours fait partie de ma vie. Un jour, mon père m'a observée pendant que j'écrivais. Il m'a dit qu'il avait eu l'impression que j'avais appuyé sur un interrupteur et que ma concentration s'était mise en marche. Que je sois comédienne, écrivaine ou que je prépare un discours, je suis toujours déterminée, et cet engagement me permet de rester dans l'instant présent. J'ai optimisé le marketing de mon entreprise grâce à cette concentration aiguë. Mais le fait de me focaliser sur la tâche du moment ne m'a pas protégée contre le vertige qui existe quand on passe d'un projet à l'autre.

La donne a changé lorsque le Strategic Coach a remis en question ma conception du focus. J'ai appris que ma raison d'être semi-spécifique et ma capacité de concentration n'étaient pas suffisantes pour m'emmener là où je voulais aller. Grâce à cette nouvelle approche, j'ai appris à mobiliser ma force intérieure pour élaborer une vision plus claire et la communiquer à mon équipe. Si chacun comprend nos valeurs et les actions que nous entreprenons dans le cadre de ces valeurs, le moral des troupes augmentera. Et lorsque toute l'équipe commence à visualiser ce que nous allons faire l'année prochaine et à comprendre comment cela nous permettra d'atteindre notre objectif dans dix ans, tout le monde adhère à la vision d'ensemble.

Nous ne pouvons pas maîtriser l'instabilité du monde. Mais nous pouvons maîtriser notre moment dans la danse. Se focaliser tout en ayant une raison d'être claire permet une connexion avec ce qui compte le plus. Cela nous permet de dire pourquoi c'est important et permet de mobiliser l'énergie de chacun afin de maximiser nos efforts et d'atteindre nos objectifs. Se focaliser nous permet de nous ancrer, nourrit la paix intérieure et engendre la sensation de stabilité. Alors que le monde tourne à une vitesse toujours plus grande, notre point focal nous maintiendra en équilibre, et tandis que le reste de la planète a l'impression que tout tourne hors de contrôle, notre pirouette sera belle, parfaitement synchronisée, et totalement focalisée.

Pistes de conversation Genie™ pour le Focus

Allez sur le site www.talk2genie.com et tapez l'une de ces amorces de conversation :
- Aidez-moi à améliorer mon focus au quotidien
- Créons un plan de focus
- Je veux éliminer les distractions
- Créer un rituel de focus positif le matin
- Aidez-moi à maintenir mon focus pendant les tâches
- Créons un environnement propice au focus

Conseils pratiques pour renforcer votre jeu par le Focus.

Soyez réaliste, restez simple, vous êtes une rock star ☺

Ces exercices peuvent améliorer considérablement votre capacité à rester focalisé dans un monde rempli de distractions et d'incertitudes. Une pratique régulière vous aidera à rester sur la bonne voie et à réaliser vos objectifs plus efficacement.

Pomodoro Technique :
Utilisez la technique Pomodoro pour mieux vous focaliser et améliorer votre productivité. Réglez un minuteur sur 25 minutes (le temps d'un « Pomodoro »), pendant lesquelles vous travaillez sur une tâche spécifique avec une concentration totale. Après le Pomodoro, faites une pause de 5 minutes. Répétez ce cycle de travail, et après avoir terminé quatre Pomodoros, faites une pause plus longue de 15 à 30 minutes. Cette méthode vous permettra de mieux vous focaliser. Le fait que le temps soit chronométré et que vous sachiez que vous aurez une pause peut également vous aider à vous motiver en cas de procrastination. Cela permet de dédramatiser une tâche qui vous intimide. En un mot, cette pratique est idéale pour vous permettre de vous focaliser et de progresser.

La visualisation des objectifs :
Passez du temps chaque jour à visualiser vos objectifs à long terme et la vie que vous aspirez à mener. Créez une image mentale de vos objectifs, en imaginant les détails et les émotions associés à leur réalisation. Cet exercice vous aidera à renforcer votre engagement à l'égard de votre vision plus grande et vous motivera pour entreprendre des actions focalisées pour la concrétiser.

Bilan régulier des progrès accomplis :
Réservez un moment spécifique chaque semaine, mois ou trimestre pour faire le point sur les progrès accomplis dans la réalisation de la vision de votre vie et de vos objectifs clés. Examinez ce que vous avez accompli, ce qui mérite d'être rectifié et les difficultés que vous avez rencontrées. Cet exercice vous permettra de rester en accord avec vos objectifs et de rectifier votre parcours si nécessaire. Trouvez la fréquence qui vous convient le mieux ! Le simple fait de réexaminer vos objectifs et la vision de votre vie une fois par an sera toujours mieux que rien !

CHAPITRE QUATRE

Relations fortes

Nous vivons à une époque qui permet plus de connexions personnelles qu'auparavant. Lorsque ma grand-mère a quitté l'Allemagne, elle a perdu le contact avec sa famille pendant une longue période. Entre la distance, la vitesse à laquelle les lettres pouvaient voyager et les restrictions imposées par le régime nazi, la communication était difficile.

Aujourd'hui, nos amis partent en vacances à l'autre bout du monde et nous suivons leurs moindres faits et gestes, soit littéralement - s'ils sont équipés d'un GPS - soit par le biais des réseaux sociaux. Pourtant, nul besoin que des chercheurs nous expliquent que nous sommes la génération la plus déconnectée de tous les temps. Entre le travail à distance, le cyberharcèlement et notre tendance à toujours regarder notre téléphone, de plus en plus de personnes se sentent isolées et seules.

Nous sommes confrontés à une surcharge d'informations, bombardés chaque jour par 100.500 mots et douze heures d'informations et de médias. [12]Cependant, se rassasier de ces informations nous laisse toujours sur notre faim. Malgré toutes les avancées, toutes les informations et toute la croissance exponentielle qui sont à notre portée, le fait est que les êtres humains ont besoin d'autres êtres humains. Des relations fortes nous soutiennent et nous enracinent. Nous progressons mieux en nous entourant de personnes qui nous soutiennent et se soucient de nous.

Construire sa tribu

Le terme « tribu » est devenu très à la mode, mais nous en avons fait le tour. Les premières civilisations témoignent de l'existence de groupes sociaux qui se formaient pour se soutenir, se protéger et éviter la solitude. Les Écossais et les Irlandais les appelaient clans, en Afrique et aux Amériques, ils étaient appelés tribus, et les habitants des collines de l'est des États-Unis désignaient leur communauté soudée par le terme de « kinfolk » (parenté). Bien que nous nous soyons éloignés des cercles familiaux intimes des années 1900, l'humanité a commencé à reconnaître l'importance du groupe bienveillant sur lequel elle pouvait s'appuyer.

Des relations fortes créent une communauté et développent notre potentiel. Dans les communautés amish de l'Ohio et de la Pennsylvanie, d'immenses granges sont construites en une journée, sans outils électriques, parce que toute la communauté se réunit pour soutenir une seule famille. Dans le monde des affaires, les entreprises qui favorisent un environnement collectif et encouragent la collaboration plutôt que la compétition voient leur productivité augmenter de cinquante pour cent.

[13]J'ai bénéficié de l'appartenance à une tribu à chaque étape de ma vie. Que ce soit en centre de vacances lorsque j'étais enfant, dans les compagnies de théâtre à l'université ou, plus récemment, dans Abundance360 et Strategic Coach, j'ai établi des connexions qui m'ont amenée là où je n'aurais jamais pu aller par moi-même.

En plus du soutien que peut apporter une communauté, elle offre également des avantages considérables en matière de santé mentale et physique. Des études révèlent que l'isolement accroît le risque de maladies cardiaques et d'accidents vasculaires cérébraux, ainsi que le risque de démence, qui augmente de quarante pour cent. Une étude a montré que la solitude peut accroître les risques pour la santé dans les mêmes proportions que le fait de fumer quinze cigarettes par jour ou de souffrir d'un trouble lié à la consommation d'alcool. De plus, elle est deux fois plus mortelle que l'obésité.[14] Les êtres humains ont besoin de se sentir connectés.

Nous avons tous atteint le stade où nous avons envie de jeter l'éponge. Mais lorsque ces sentiments persistent, c'est souvent à cause d'un manque de solidarité. J'ai déjà eu l'occasion de constater que je ne disposais pas de réseaux de soutien adéquats. Mes tribus m'ont transmis la persévérance.

Des rapports de qualité

La communauté tribale, c'est bien plus que deux personnes réunies dans la même pièce. La force et la profondeur de nos rapports dépendent de leur nature. Le rapport employeur/ employé sera très différent que celui de deux membres d'une même équipe qui se partagent la responsabilité d'un projet. Cependant, tout type de rapport peut favoriser des connexions lorsque chacun a l'impression que l'autre se soucie de son bien-être.

Les relations fondées sur la confiance et l'attention mutuelles et qui permettent de refaire le plein d'énergie constituent des relations fortes. L'aspect le plus important est la réciprocité dans la relation. Comme un couple qui danse, les deux doivent bouger ensemble, d'avant en arrière. Si une personne tire l'autre ou devient dépendante de son partenaire pour tout mettre sur ses épaules, la performance devient rigide et les deux se fatiguent.

Des relations extrêmement fortes se nouent entre les clients et les prestataires. Bien que mes rapports avec les clients soient différents de mes relations extraprofessionnelles, je me sens proche de tous ceux pour qui je travaille. Les nuances de ces rapports professionnels reflètent les relations que j'entretiens avec mes amis, même si nous ne nous fréquentons pas en dehors du travail. Nous établissons des frontières saines et une communication respectueuse. Chacun s'intéresse à l'autre et notre sens du dévouement et de l'engagement se renforce. Notre lien va au-delà de la réalisation d'un projet ou d'un service.

Les rapports professionnels diffèrent du fait que nous avons un contrat à respecter. D'une certaine manière, cela renforce le rapport, car un contrat ayant été établi, nous savons ce que nous pouvons attendre l'un de l'autre. Une entreprise qui crée un tel état d'esprit communautaire avec ses clients devient « centrée sur le client ». Et dès lors que le rapport est solide et que l'attitude de la communauté est sincère, l'entreprise profite autant de la connexion avec le client. Il n'est pas étonnant que ce type d'organisation connaisse un tel succès. La confiance instaurée par ce type de rapports est un des moyens les plus efficaces de vous distinguer dans ce monde surstimulé et en constante évolution.

Évaluer les rapports

Dans le contexte commercial actuel, il est important de se rappeler que d'autres partenaires peuvent fournir des services de haute qualité à vos clients. Ce qu'ils ne peuvent pas fournir, c'est votre personnalité et votre capacité de connexion. Lorsque des problèmes surviennent - et ils surviendront - les clients interconnectés sont plus enclins à exprimer leur mécontentement et à collaborer pour trouver une solution. Sans ce rapport, il serait plus facile pour eux de trouver un autre partenaire.

De la même manière, chaque client ne vous correspond pas forcément. Des conflits constants sont épuisants, et certains clients ne veulent pas construire ces relations fortes qui nous aident à surmonter les tempêtes. Ce genre de situation épuise notre pouvoir de focalisation, notre énergie, notre créativité et notre capacité à collaborer. Nous ne pouvons pas supporter ces situations dans un monde où les changements sont exponentiels.

Lorsque vous évaluez vos rapports avec les autres, il est bon de prendre du recul et de vous demander si ces rapports vous donnent de l'énergie ou s'ils vous épuisent. Vous sentez-vous soutenu ou est-ce toujours vous qui vous portez ? Ce groupe ou cet individu vous aide-t-il à danser dans le chaos ou vous apporte-t-il davantage de confusion ?

Cela dit, il ne faut pas confondre critique constructive et conflit. Lorsque quelqu'un en qui vous avez confiance vous fait part d'un problème, cela peut vous blesser, mais en fin de compte, cette personne vous offre l'occasion d'évoluer. L'honnêteté directe peut être blessante sur le moment ; mais si elle défend notre intérêt, nous devons rester ouverts en phase avec ce rapport bienveillant. Ces personnes vous aideront à trouver le meilleur de vous-même. Elles vous permettront de rester fidèle à votre vision plus grande.

Faire face à la tourmente

Presque toutes les relations peuvent résister aux perturbations grâce à un engagement clair, convaincant et partagé. Les relations fortes résistent aux défis. Les rapports personnels et professionnels ont des caractéristiques différentes, mais la loyauté et la persévérance sont essentielles dans les deux cas. Je pense à toutes les situations difficiles auxquelles mes clients ont été confrontés au fil des ans : coupes budgétaires, licenciements, etc. La force qui se dégage de ces rapports provient en grande partie de mon désir sincère de les soutenir et de compatir à leurs difficultés. Être présent lorsque la situation devient difficile a un impact durable sur une relation.

Nous avons tous connu des moments difficiles et avons été surpris lorsqu'un ami proche ou un membre de la famille ne nous a pas soutenus. Ces faux pas blessent profondément et sont difficiles à surmonter. Si le lien n'est pas fondé sur la résolution des conflits, la reconnaissance, la responsabilité et la réparation, la relation se fragilisera. En revanche, si vous appréciez vos rapports, vous répondrez présent lorsque votre ami traversera une période difficile.

Notre entreprise aborde souvent le sujet de la sudation avec nos clients. En cas d'imprévu ou de problème, nous réglons le problème à la sueur de nos fronts, à leur côté. Nous collaborons à la solution. Cet effort et cet investissement mutuels créent des connexions profondes et encouragent la loyauté. Lorsque vous marchez avec quelqu'un le long d'une pente en déclin, sa fidélité sera au rendez-vous.

La connexion personnelle

Je suis sûre que vous avez déjà travaillé avec un collaborateur qui ne vous semblait pas fiable. Apprendre à interagir avec des personnalités très diversifiées peut être une véritable aventure. Nous finissons soit par reprendre les rênes, soit par redouter que leur part du projet ne soit pas menée à bien. Vous serez souvent anxieux à l'approche de la clôture d'un projet, craignant un oubli de la part des collaborateurs et un échec de l'ensemble de la manœuvre.

Si vous avez une personnalité perfectionniste, vous devrez peut-être veiller à ce que vos attentes soient réalistes. En revanche, si vous êtes du genre à travailler sous pression, il est peut-être temps d'intensifier vos efforts pour éviter aux autres de ressentir le stress de la dernière ligne droite. Les très bons rapports tiennent compte du point de vue de l'autre et s'efforcent de fonctionner dans le respect des deux personnalités. Lorsque cela se produit dans un contexte de concessions mutuelles, les relations s'approfondissent et la confiance de chacun s'accroît.

La communication est essentielle lors de ces connexions particulièrement stressantes. Il ne faut surtout pas s'attendre à ce que les autres sachent ce qu'on pense. Même s'ils essaient de voir les choses à travers notre prisme, cela est impossible, et il est donc essentiel de partager notre point de vue avec eux.

Il est également important d'écouter le leur. L'écoute véritable est peut-être la plus précieuse des compétences en matière de communication. Cela signifie qu'il faut être attentif à son langage corporel, au ton et à l'attitude, et toujours veiller à ce que nos expressions transmettent à l'autre qu'il est entendu. Écouter, c'est s'intéresser pleinement à ce que dit l'autre et lui montrer à quel point sa contribution est appréciée.

Les relations s'approfondissent quand on est présent dans l'instant. Dans une conversation, il est parfois tentant de se focaliser sur sa prochaine remarque pendant que l'autre personne parle. Tout le monde le fait, c'est un sujet abordé dans toutes sortes d'exercices de communication, mais au risque de répéter ce que vous avez déjà entendu, je vais le souligner :

il est essentiel de se distancer de la phrase qu'on va dire, afin de rester dans le présent.

La communication implique aussi de l'honnêteté, et parfois des observations constructives. On doit apprendre à les recevoir ou les communiquer soi-même. Quand vous exprimez toujours une opinion honnête, juste et respectueuse même si elle est impopulaire, et que vous pouvez supporter que votre opinion soit rejetée, les autres vous respecteront davantage. Vos paroles auront plus de poids que celles qui sont toujours en accord, ou exprimées de manière édulcorée. Les clients, en particulier, voudront travailler avec vous parce qu'ils sauront que vous leur prodiguez toujours les meilleurs conseils, et non les plus digestes.

Finalement, la connexion personnelle signifie que vous vous intéressez aux détails de la vie des autres. Vous êtes attentif au calendrier et vous vous intéressez à leurs vacances. S'il est en congé depuis deux jours parce que son enfant est malade, vous lui demandez comment il va, avant de vous plonger dans les affaires. En prêtant attention lorsqu'ils évoquent leur conjoint ou leurs enfants et en vous souvenant de leurs noms, vous leur faites comprendre que vous vous souciez d'eux.

Franklin D. Roosevelt étonnait ses collaborateurs parce qu'il se souvenait du nom de presque toutes les personnes qu'il rencontrait. [15]Pouvez-vous imaginer l'impact sur la personne à qui il s'est adressé durant quelques minutes seulement ? Les gens apprécient d'être considérés comme des personnes à part entière plutôt que comme un projet ou une tache ponctuelle.

Des rapports mûrement réfléchis

Choisir avec soin les personnes avec lesquelles j'entretiens des relations étroites est peut-être la première clé de la cohésion de ma communauté. Les qualités que je recherche sont l'énergie positive, la volonté d'aller de l'avant, la gentillesse, l'absence de manipulation et le partage de mes vibrations. Je veux être entouré de personnes qui me comblent au lieu de me tirer vers le bas. Le monde contient assez de plaintes. Ainsi, même si tout le monde a besoin de se défouler de temps en temps, nous ne voulons pas que la négativité se focalise sur notre contribution ou notre rendement.

Ma capacité à nouer des relations est limitée. J'aimerais pouvoir entrer en contact avec tout le monde, mais le temps manque. Je veux donc m'assurer que les personnes avec lesquelles je développe des connexions étroites enrichissent ma vie et m'aident à grandir. Je souhaite également pouvoir soutenir les autres de la même manière. Il n'est pas nécessaire de rechercher des personnes plus intelligentes, plus accomplies ou plus riches que soi. Si elles ont une attitude proactive à l'égard du monde, vous pouvez vous enrichir mutuellement en allant au fond des choses et en instaurant un climat de confiance.

L'anthropologue britannique Robin Dunbar et ses collaborateurs ont mené un certain nombre d'études sur notre capacité à entretenir des rapports. Son échelle de mesure, le « nombre de Dunbar », considère que chacun peut entretenir environ cent cinquante relations significatives, quinze amis proches et cinq amis intimes. [16] Son travail en la matière montre qu'il convient de faire preuve d'un peu de discernement dans le choix des personnes que l'on intègre à son cercle intime.

Bien que je souhaite une communauté diversifiée, je préfère avoir des contacts avec des personnes qui comprennent ce que je vis et partagent mes valeurs. Strategic Coach a contribué à renforcer mes capacités relationnelles en m'entourant d'entrepreneurs inspirants, à l'esprit positif, se trouvant à différents stades de leur parcours professionnel.

Le fait de me sentir compris a fait une énorme différence dans mon développement en tant que dirigeant. Les chirurgiens cérébraux ont besoin d'au moins quelques rapports privilégiés avec des personnes qui ont une compréhension pratique de l'intense responsabilité de leur travail. Il en va de même pour les entrepreneurs ou pour toute autre profession. Même en tant que mère, des relations fortes avec d'autres personnes qui partagent la même passion pour aider ses enfants à atteindre leur plein potentiel seront bénéfiques.

Des relations fortes pour mieux s'ancrer

Un rapport très fort m'a soutenue lorsque j'ai créé mon entreprise. Mon père peut être un client difficile. Il n'est ni facile à vivre ni généreux en compliments. Il a parfois été dur avec moi pendant mon enfance, et il appelle toujours un chat un chat.

Malgré cela, je sais qu'il saura apprécier mes réussites. Les jours où je me dis que j'aurais pu en faire vingt fois plus, mon père me rappelle tout ce que j'ai accompli en m'occupant de ma famille, en préparant le dîner et en rédigeant une proposition. Il me félicite de jongler entre les enfants et mon entreprise et d'élever seule deux enfants sans aide à plein temps. Il remarque que je ne me plains jamais. Sa reconnaissance et son soutien comptent beaucoup pour moi.

Dans notre relation mutuellement bénéfique, où l'on donne et l'on reçoit, ses éloges et son soutien lui font également plaisir, car ma réussite rejaillit sur lui, puisqu'il m'a élevée. C'est ainsi que fonctionnent les relations fortes. Il n'y a jamais qu'une seule personne qui gagne et une autre qui perd.

Les relations fortes trouvent naturellement leur équilibre lorsque chacun travaille à la réalisation d'un objectif commun. C'est comme une compagnie de danse qui travaille ensemble pour s'assurer que tout le monde excelle. Chaque rapport que nous cultivons peut nous enrichir, et rien ne peut remplacer le soutien et l'encouragement que nous ressentons quand nous sommes en contact avec ceux qui comprennent intuitivement ce que nous vivons. Les personnes qui ont tissé des connexions profondes ont plus d'espoir et de courage. L'appartenance à des communautés dont l'ADN comprend l'espoir a été payante à plus d'un titre. Aujourd'hui, les gens me voient comme une personne pleine d'énergie, d'optimisme et d'espoir, et j'apprécie toutes les personnes de ma famille, de mon équipe et de ma tribu qui m'ont aidée tout au long de mon parcours.

Pistes de conversation Genie™ pour les Relations fortes

Allez sur le site www.talk2genie.com et tapez l'une de ces amorces de conversation :

- Aidez-moi à améliorer mes compétences en communication
- Créons un plan pour renforcer mes relations
- Je veux établir une relation de confiance avec mes collègues
- Créer une stratégie pour résoudre efficacement les conflits
- Je veux construire un réseau de relations de soutien
- Exercer et améliorer mes compétences en matière d'empathie
- Je veux améliorer ma relation avec mon partenaire

Conseils pratiques pour renforcer votre jeu avec les Relations fortes.

Soyez réaliste, restez simple, vous êtes une rock star ☺

Ces exercices contribuent à nourrir et à renforcer vos rapports, en offrant soutien et stabilité face aux défis que pose un monde complexe et en constante évolution. Ils favorisent une communication transparente, des moments privilégiés et une connexion émotionnelle, autant d'éléments essentiels à la prospérité des rapports en période d'incertitude.

Temps de désintoxication numérique :
Consacrez des jours définis ou du temps (comme les repas, par exemple) à la désintoxication numérique, en vous déconnectant des écrans et des appareils. Focalisez-vous sur les moments privilégiés que vous passez avec vos proches, sans aucune interruption. Participez à des conversations en tête-à-tête, à des activités de plein air ou simplement à un repas en commun. La désintoxication numérique peut vous aider à approfondir vos connexions dans un monde envahi de distractions digitales.

Mode Empathie vs Mode Défi :
Dans un rapport solide, le mode Empathie et le mode Défi jouent des rôles distincts et précieux. Savoir privilégier un mode plutôt qu'un autre peut vraiment vous aider à développer vos rapports et à être plus à l'écoute des besoins et des évolutions des autres.

L'empathie consiste à pratiquer une écoute active et à comprendre les émotions et les expériences d'une personne, ce qui permet de la réconforter et de la soutenir. Elle est essentielle dans les moments de vulnérabilité, lorsque l'on a besoin de valorisation et de compassion.

D'autre part, le mode Défi consiste à remettre en question ou à discuter avec respect des points de vue, des comportements, des réactions, des décisions et des interprétations divergents. Il est approprié quand la croissance, la résolution de problèmes ou la promotion d'un changement sain constituent l'objectif.

Le bon équilibre entre Empathie et Défi dépend de chaque situation, car les deux approches contribuent à renforcer la profondeur et la résilience des rapports.

3 points de vue (POV) :

Les conflits sont inévitables dans les rapports humains, surtout dans un monde chaotique et changeant.

La technique de résolution des conflits basée sur le POV (Point of View) peut facilement être mise en œuvre.

Commencez par examiner un conflit sous trois angles distincts : votre propre point de vue, celui de l'autre personne et celui d'un observateur objectif. En intégrant chaque point de vue et en faisant preuve d'empathie, la dynamique du conflit sera plus compréhensible.

La résolution de conflits selon la méthode POV facilitera nettement la communication et la résolution. Cette technique encourage l'empathie, l'ouverture d'esprit et la recherche d'un terrain d'entente dans les situations difficiles. Cela peut contribuer à atténuer la colère ou la frustration que vous pouvez ressentir, car vous comprendrez mieux les autres points de vue.

CHAPITRE CINQ

Créativité

L'archéologie a révélé d'innombrables dessins rupestres, hiéroglyphes et autres personnages magnifiquement ouvragés qui ont été les premiers moyens de communication et d'art. La nature créative de nos ancêtres a permis à des chercheurs de dater chaque strate des fouilles. Ils décoraient les poteries et les façonnaient de manière si unique que les archéologues peuvent identifier les dates et les cultures qui ont vécu dans ces régions. La créativité était à la base de ces anciennes civilisations, et elle n'est pas moins importante aujourd'hui.

Créativité et courbe exponentielle

La créativité et la courbe exponentielle sont autant liées que la poule et l'œuf. Est-ce la courbe exponentielle qui entraîne la créativité ou la créativité qui alimente la courbe exponentielle ? Tout au long de l'histoire, la créativité a été à l'origine de progrès culturels qui ont inspiré à leur tour de nouvelles formes de créativité.

Je travaille sur les méthodes dialectiques. Les Grecs de l'Antiquité ont codifié ce processus au cours d'une période intense de leur histoire, il y a deux mille ans. Les normes sociales et politiques ainsi que les caractéristiques de la démocratie évoluent rapidement. La culture en mutation a créé un lieu de débat créatif et diversifié en vue de minimiser les conflits et d'accélérer l'échange d'idées et la découverte de solutions adaptées.

À l'instar des méthodes dialectiques, pour naviguer dans cette culture en évolution exponentielle, il faut comprendre que des opinions divergentes peuvent induire des solutions créatives. Les méthodes dialectiques permettent d'explorer des idées, de rechercher des vérités, de poser des questions et de s'appuyer sur les idées originales pour trouver une réponse cohérente de manière créative.

Cultiver la créativité permet de mieux appréhender les complexités du monde d'aujourd'hui. En tant que manager, vous serez confronté à des échéances majeures tout en étant peut-être contraint de remplacer la plupart des membres de l'équipe. De plus, en raison de l'évolution constante de la culture, votre produit pourrait devenir obsolète avant même que vous n'ayez eu l'occasion de le lancer. Des défis et des changements de paramètres se présentent en permanence. Pour réussir, il faut être capable de s'adapter de manière créative.

Créativité et diversité

La diversité engendre aussi la créativité, et la créativité nourrit la diversité. En accueillant dans notre monde des cultures et des modes de pensée inhabituels, nous restons naturellement ouverts aux idées concurrentes et conflictuelles. L'Histoire nous a démontré qu'on pouvait naviguer vers la réussite ou l'échec quand la diversité est grande. Bien qu'une grande partie du monde n'ait pas apprécié que Rome envahisse les nations, il subsiste aujourd'hui encore la trace de la culture, des routes et l'architecture issues de cette fusion des cultures.

Au fur et à mesure que nous ajouterons de la diversité à nos communautés, nous devrons nous adapter aux différences culturelles et linguistiques. De plus, la diversité au sein de notre tribu nous encourage à apprendre davantage et à nous développer.

Bien que la plupart des gens réservent le mot « créatif » aux artistes, musiciens, danseurs, artisans et comédiens, l'apprentissage et l'adaptation sont aussi une forme de créativité. L'apprentissage et l'adaptation nous obligent à sortir des sentiers battus. Se renouveler est tout aussi créatif que faire de l'improvisation.

Le concept de diversité va bien au-delà de la culture et de l'ethnicité. Les personnes dont l'objectif principal est de gravir les échelons de l'entreprise sont menacées par celles qui possèdent des idées, des innovations et des inventions diversifiées. Leur imagination apportera-t-elle une meilleure ou une plus vaste réponse à la problématique de l'entreprise ? De plus, ces innovateurs pourraient exploiter nos idées jusqu'à ce qu'elles se surpassent.

Sans ancrage, cette danse entre diversité et créativité se transforme en chaos. Être sur la défensive, avoir des appréhensions, se sentir menacé font que la créativité est étouffée par peur de faire des remous ou de perdre son emploi. Si les créatifs ont l'impression de perdre leur temps et leurs talents, ils finiront par passer à autre chose et, sans créativité, la tribu s'effondrera de l'intérieur.

En revanche, ceux qui sont ancrés dans la créativité se réjouissent de l'expansion de leurs idées. Ils se rendent compte qu'ils peuvent prendre part à des réalisations extraordinaires qui profitent à l'ensemble de l'entreprise. Le vieil adage dit que « la nécessité est mère de l'invention ». Mais ce n'est qu'une vérité partielle. La créativité est mère de l'invention ; la nécessité est source d'inspiration. Depuis la nuit des temps, les créatifs ont trouvé des solutions à des problèmes avant même que la majorité de la population ne sache qu'un problème eût pu exister.

Quand Edison a perfectionné les idées de ceux qui l'avaient précédé, la nécessité de sa démarche n'a pas été comprise de tous. La problématique n'a pas été perçue, car les bougies et les lampes à huile suffisaient à leurs yeux. Sans la contribution d'un groupe hétérogène de créateurs, nous serions peut-être encore assis autour d'un feu.

Un grand nombre de personnes ne se rendent pas compte de la diversité enracinée dans notre civilisation. Les séminaires multiculturels organisés par mon entreprise comptent parmi les programmes les plus approfondis que nous proposons. Cet ancrage dans la créativité, associé à la diversité, permet un bouleversement des mentalités et libère les participants pour qu'ils puissent apprécier la danse. En nous basant sur la diversité nécessaire à la créativité, nous pouvons évoluer avec confiance dans le chaos qui caractérise ce monde en pleine mutation.

Stimuler la créativité

Outre la promotion de la diversité, mon entreprise met également en place des programmes pour encourager la créativité et l'inclusion. Chacun repart avec un fort sentiment d'appartenance à l'entreprise assorti à de solides stratégies de développement de produits et des bonnes pratiques de relations clients. Mais au-delà de ces compétences organisationnelles, je constate qu'à un niveau plus fondamental et plus personnel, nos participants éprouvent des changements considérables. Leur état d'esprit change et leur perspective sur leur environnement se modifie.

Une énergie et une joie palpables envahissent la salle pendant ces rencontres. Ce bain de créativité, où les idées sont folles de joie, fait jaillir des visages sincèrement épanouis. On dirait qu'ils viennent de se fiancer, d'être promus ou de conclure une affaire importante. On peut constater le pouvoir énergétique découlant d'une connexion profonde avec la créativité qui les ancre dans notre environnement et dans l'univers.

Nous utilisons le fameux exercice des points pour aider les participants à comprendre comment la créativité peut faire toute la différence. L'objectif est de relier neuf points disposés en forme de carré en utilisant seulement quatre lignes, sans lever le stylo ni retracer son parcours.

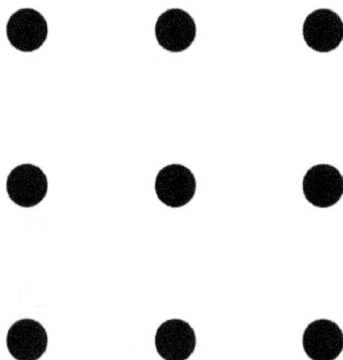

Avec cent personnes dans la salle, seules quelques-unes pourront accomplir la tâche, car la seule façon de réussir est de sortir du carré. Malgré l'absence de cadre, la plupart établissent une frontière imaginaire et s'y enferment.

L'analogie est frappante. Combien de fois limitons-nous notre créativité parce que nous nous imposons des contraintes - des contraintes purement mentales ? La clé de la créativité est de reconnaître qu'il n'y a pas de cadre. Il n'y a jamais eu de cadre. En décloisonnant les esprits, nous cultivons la créativité et favorisons la diversité des points de vue et des solutions.

Lorsque nous sommes bloqués ou que nous avons l'impression que notre créativité est entravée, nous pouvons nous poser deux questions :

1. Puis-je sortir du cadre ?

2. Y a-t-il vraiment un cadre ?

Pour les commerciaux de haut niveau, nous pratiquons un autre exercice. Nous les invitons à répondre aux contestations les plus épineuses que pourraient formuler des clients dans le cadre de négociations complexes, qu'elles soient ou non de bonne foi. Par exemple, les objections peuvent n'être qu'un prétexte pour se débarrasser du prestataire de services.

La plupart des équipes de vente ne savent pas comment réagir lorsqu'un client leur dit : « Vous parlez beaucoup d'innovation. Je ne vois rien d'innovant dans votre offre ». Ou encore : « Pourquoi aurions-nous une expérience différente avec vous cette fois-ci, alors qu'il y a cinq ans, le projet était en retard et ne s'est pas terminé correctement ? » Même les vendeurs expérimentés et performants ont tendance à se figer dans de telles situations.

Nous aidons les participants à apprendre à gérer la mentalité tribale d'auto-préservation. Si nous parvenons à éviter le schéma « nous contre eux » en cas de contestation en pleine réunion, l'issue peut devenir radicalement différente. En replaçant la conversation dans un contexte qui leur est favorable avant même qu'ils répondent permet de promouvoir leur message et d'aller de l'avant. Nos clients font preuve de créativité pour établir le scénario le plus avantageux pour eux et pour leurs clients.

Si vous êtes dans le bon état d'esprit, vous disposez d'une multitude de moyens pour aller de l'avant tout en préservant ce qui vous tient à cœur au sein de votre projet. Vous trouverez naturellement un dispositif qui vous conviendra. À force de vous entraîner à imaginer de multiples possibilités créatives et positives, l'assurance s'installe, même lors de négociations difficiles, et la peur se dissipe.

Dans les ateliers de créativité, les gens ont souvent peur de dire quelque chose de ridicule ou de proposer une « mauvaise » idée. Nous insistons sur le fait que l'enfermement dans le schéma binaire bon-mauvais les oblige à rechercher la seule « bonne » réponse et tue la créativité. Pour stimuler la créativité, nous creusons jusqu'à ce que toutes les idées soient libérées. L'objectif est de devenir très à l'aise et confiant dans sa capacité à trouver des possibilités multiples. Nous n'accordons qu'une vingtaine de minutes à l'exploration des possibles, ce qui permet au groupe d'acquérir le facteur de vitesse adéquat. Créativité rapide et flexible pour répondre aux situations complexes du client.

En suivant le rythme de notre monde, il est important de se rappeler qu'il y a toujours plusieurs façons de s'en sortir. Les objections sont des opportunités, et les moments difficiles avec un client peuvent devenir des moments d'inspiration et de créativité. Votre capacité à répondre de manière créative peut être précisément ce qui les incitera à acheter votre service, à renouveler le contrat ou à vous être fidèles.

Enfin, nous aidons les équipes à apprendre à exceller en matière de pensée créative et d'intelligence collective. Le brainstorming, par exemple, est la forme la plus élémentaire d'une méthode de créativité latérale. Les méthodes de créativité verticale ou restrictive impliquent la mise en place de contraintes permettant de plus en plus d'idées qualitatives ; cependant, elles posent des défis et rendent généralement l'exercice plus difficile. La pensée verticale inclut souvent des séquences répétitives dans un temps imparti. Cela génère des révisions successives sur un rythme très rapide.

Un exercice latéral vous demandera de prendre cinq minutes pour énumérer toutes les façons dont vous pouvez améliorer l'expérience du client au cours du projet, tandis qu'un exercice vertical vous imposera un changement de paramètres. Par exemple, votre projet qui devait être réalisé en trois mois avec une équipe de vingt personnes sera maintenant réalisé en trois semaines avec une équipe de cinq personnes. Comment faire entrer le projet dans le nouveau cadre tout en répondant aux attentes du client ?

Alors que les méthodes latérales font travailler votre cerveau de manière plus ouverte et plus créative, la méthode verticale, plus difficile à mettre en œuvre, constitue le moteur de l'innovation.

Notre Leader Lab applique diverses méthodes de collaboration et de résolution créative de problèmes, fondées sur le principe du co-développement, et permet à des groupes de travailler sur des idées concrètes à travers différents rôles et *scenarii* variés. Diverses formes de créativité sont employées, y compris les techniques d'Edward de Bono, l'initiateur de la pensée latérale. Cette méthode structurée de créativité en groupe a été élaborée à l'intention des cadres supérieurs. Elle permet aux dirigeants de travailler collectivement pour trouver des réponses à divers problèmes, questions et ambitions de manière efficace.

S'ancrer dans la créativité : quels avantages ?

La créativité constructive et de confrontation permet de montrer et de partager nos convictions. De nombreux débats houleux ont lieu lorsque certains se retrouvent à défendre des points de vue opposés au sujet d'une cause ou du projet d'un client. Résoudre de manière créative les situations de confrontation permet de renforcer la confiance et les relations avec les membres de l'équipe. La créativité permet de prendre position, de poser des questions, d'exprimer sa pensée, d'être ouvert au débat tout en respectant les autres. C'est une façon efficace de travailler au sein de ce monde surchargé.

L'Oréal dispose d'un espace appelé « salle de confrontation », où les employés débattent de leurs idées. Même s'il s'agit d'une grande entreprise bien établie, L'Oréal se distingue par son sens de l'innovation. Ce n'est pas un hasard si une entreprise créative qui valorise la confrontation est parvenue à dominer le marché mondial. L'Oréal utilise cette approche pour décider d'un lancement ou de mesures innovantes en rapport avec des crèmes, des shampooings et d'autres produits courants. La créativité naît de débats acharnés et de la confrontation. Dans le cadre d'une formation proposée à L'Oréal, de jeunes responsables de produits sont entrés dans l'arène avec le directeur marketing pour d'établir la meilleure manière de résoudre les conflits et maintenir les projets en cours de réalisation.

Vous avez probablement recours à la créativité tous les jours sans même le savoir. En réfléchissant et en s'adaptant spontanément, notre esprit créatif se développe. Les changements logistiques et organisationnels exigent un état d'esprit créatif. Même les processus d'adaptation et de réadaptation aux restrictions sanitaires et à l'évolution de la réglementation requièrent une grande créativité.

La capacité créative de mon entreprise nous permet de concevoir des programmes qui poussent les gens à exploiter leur créativité et leur assertivité. J'ai souvent des retours positifs de la part d'entreprises qui étaient bloquées dans leur approche d'un projet, grâce à nos conseils qui ont permis la mise en place d'une solution amiable et rentable. Notre clientèle bénéficie pleinement de ce processus qui permet de générer et d'itérer de nombreuses idées dans un court laps de temps. Cette aptitude constitue un avantage concurrentiel et aide les entreprises à aller de l'avant.

Si nous voulons danser avec le chaos, la créativité est impérative. Le travail en milieu complexe ou dans le cadre de projets complexes exige de pouvoir conduire des changements spontanés en aidant les autres à faire de même.

Pour rester ancrés, nous devons être conscients de notre créativité naturelle et reconnaître que la philosophie d'Herbert Spencer, qui prône la survie du plus apte, peut en réalité signifier la survie du plus créatif. Nous pouvons utiliser la créativité pour susciter l'espoir, inspirer le courage, maintenir le focus et établir des rapports. Lorsque notre approche de la créativité s'adaptera à la vitesse de ce monde en évolution accélérée, nous serons prêts à danser.

Pistes de conversation Genie™ pour la Créativité

Allez sur le site www.talk2genie.com et tapez l'une de ces amorces de conversation :

- Aidez-moi à brainstormer de nouvelles idées pour quelque chose
- Créons une routine de créativité quotidienne
- Je veux surmonter les blocages créatifs
- Créer une carte mentale pour un projet
- Construire un espace de travail créatif

- Améliorons mes capacités de réflexion créative
- Je veux collaborer à un projet créatif

Conseils pratiques pour renforcer votre jeu avec Créativité.

Soyez réaliste, restez simple, vous êtes une rock star ☺

Ces outils et techniques basés sur la créativité vous aideront à améliorer votre pensée créative et vos aptitudes à résoudre les problèmes dans un monde en constante évolution et en pleine accélération. Vous pouvez sélectionner ceux qui vous correspondent le plus et les adapter à votre processus créatif.

Brainstorming inversé :
Une technique de créativité très utile et amusante est la méthode du brainstorming inversé. Par exemple, partez de cet objectif : « Terminer notre projet à temps » et inversez-le en disant « Terminer notre projet en retard ». Accordez un délai de 2 minutes et dressez la liste la plus longue possible des différentes manières pour finir en retard. Ensuite, arrêtez le chronomètre et cherchez comment vous pourriez réorganiser votre travail pour finir dans les temps. C'est très amusant et très efficace !

La méthode des six chapeaux (Edward de Bono) :
Utilisez la méthode des six chapeaux pour aborder un problème ou une idée sous six angles différents, chacun étant représenté par un « chapeau » de couleur différente. Par exemple, le chapeau blanc représente les faits et les informations, le chapeau rouge, les émotions et les sentiments, et ainsi de suite. Cette technique encourage la pensée holistique et aide à générer des solutions créatives en tenant compte de divers points de vue.

Le rêveur, le critique et le réaliste (Walt Disney) :
Adoptez la stratégie créative de Walt Disney, qui implique trois rôles distincts : le rêveur, le réaliste et le critique. Au moment d'élaborer un projet ou une idée, commencez par la phase du Rêveur pour générer des idées folles et imaginatives. Passez ensuite à la phase réaliste pour planifier et définir les mesures opérationnelles nécessaires. Enfin, abordez la phase critique afin d'évaluer et d'affiner le concept. Cette approche structurée permet de concilier créativité et praticité.

CHAPITRE SIX

Pratique

Regarder une troupe de danseurs se déplacer dans un mouvement fluide et synchrone peut être l'un des spectacles les plus beaux et les plus impressionnants que vous ayez jamais vus. La synchronisation des danseurs aux mains gantées nous étourdit. Peu de gens se rendent compte du nombre d'heures consacrées à de tels spectacles.

Les danseurs de hip-hop du Superbowl s'entraînent au moins soixante-douze heures pendant neuf jours pour leur présentation de vingt-six minutes, et partout dans le monde, chaque automne, les corps de ballet commencent à répéter six heures par jour pour être prêts pour la tournée de « Casse-Noisette ». Même les professionnels qui dansent depuis plusieurs années le classique de Tchaïkovski répètent de façon exténuante.

Le métier d'acteur m'a enseigné de grandes leçons de pratiques délibérées et disciplinées. L'apprentissage des répliques, l'utilisation de techniques vocales efficaces et la maîtrise des principes de Meisner pour la préparation émotionnelle, les répétitions et l'improvisation ne représentent qu'une infime partie de ce qui est exigé des futurs comédiens. Les répétitions - seul et avec la troupe - sont le seul moyen de réussir un spectacle sur scène.

Tout le monde devrait prendre au moins un cours d'art dramatique. Le métier permet d'affiner un champ de compétences essentielles, telles que l'écoute, la répétition et la mémorisation musculaire. Le spectacle vivant est à l'image du monde changeant d'aujourd'hui, car il implique une pratique intense pour offrir des spectacles au public et une adaptabilité immédiate quand un acteur oublie une réplique ou qu'un accessoire ne fonctionne pas comme prévu. Avec suffisamment de pratique, les spectateurs assidus remarquent rarement qu'il n'y a jamais deux spectacles identiques.

Le fait d'être entouré de comédiens à la Northwestern University et d'être soutenu par des professeurs inspirants a changé ma vie. Les attentes en matière d'engagement étaient si élevées qu'il ne fallait même pas songer à se présenter en classe sans maîtriser son texte, ses émotions et son placement. Chaque élève arrivait à l'heure, prêt à travailler. Ceux qui ne s'engageaient pas pleinement se voyaient exclus du cursus, donc nous nous sommes investis à fond.

J'ai énormément d'admiration pour mes amis comédiens, qu'ils soient d'avant ou d'après Northwestern. Nombre d'entre eux ont suivi ce cursus intensif et, après une décennie de pratique régulière, de rejets fréquents et de soucis financiers, ils sont devenus célèbres et ont réussi dans leur carrière. Comme la plupart des musiciens, danseurs et acteurs, ils ont également cumulé un deuxième ou un troisième emploi pour payer les factures, faisant abstraction des longues heures de travail et leurs sur qualifications.

Ce degré d'engagement et de discipline est remarquable, mais les dirigeants de tous les secteurs d'activité vous diront qu'il est impossible d'acquérir une maîtrise sans y consacrer du temps et de la pratique.

La pratique engendre l'expertise

Même les personnes les plus talentueuses ne pourront maîtriser leur talent si elles ne pratiquent pas souvent. Et cette pratique-là ne se limite pas aux arts ou aux sports. Si nous voulons façonner notre comportement et notre état d'esprit, nous devons nous exercer avec assiduité. Développer de nouvelles pratiques nécessite de répéter l'action jusqu'à ce qu'elle devienne naturelle.

L'écriture est un processus itératif qui nécessite un perfectionnement constant. Aucun livre ne peut être publié au stade de la première version. Stephen King a dit que les écrivains devaient être capables de renoncer à vingt-cinq pour cent de tout ce qu'ils écrivent. Les auteurs disciplinés relisent, réécrivent et coupent jusqu'à ce qu'ils trouvent le manuscrit digne d'être publié.

J.K. Rowling a prouvé cette théorie en publiant le deuxième livre de la série Harry Potter sans révision. Elle pensait qu'il bénéficierait des retombées du premier. De ce fait, le deuxième est considéré comme le moins bon de la série.

Dans la culture actuelle, les personnes qui possèdent des compétences uniques et très élaborées se distinguent. Pour atteindre ces niveaux de maîtrise, il faut sortir de sa zone de confort et se lancer dans quelque chose de plus grand et de plus audacieux que ce que font les autres autour de soi.

Les contraintes de temps du monde moderne font que nous essayons de caser beaucoup trop de choses dans une journée.

Nous devons donc utiliser le mécanisme d'ancrage qu'est le focus pour réduire notre liste de choses à faire. Le focus et la pratique vont de pair. Les deux requièrent de la discipline, et plus nous nous focaliserons, plus nous aurons de temps à consacrer à la pratique nécessaire pour parvenir à nos objectifs.

En nous concentrant sur ce qui nous anime, nous pourrons prioriser en fonction de ce qui compte le plus. Voilà ce que nous devons pratiquer. Même en cas d'échec au début, il faut persévérer. On est tenté de dire qu'on a essayé, que ça n'a pas fonctionné et qu'on a abandonné. Et même en persévérant, il se peut que les progrès ne soient pas perceptibles tout de suite. Certains verront des changements progressifs, d'autres s'entraîneront longtemps et, brusquement, l'irréalisable deviendra possible. Il serait dommage d'abandonner trop tôt.

Outre le fait qu'elle contribue à façonner notre pensée, la pratique permet de développer des méthodes ou des systèmes. Grâce à la pratique, nous pourrons éventuellement effectuer une tâche sans recourir à des notes. La chorégraphie devient partie intégrante de l'être du danseur au fur et à mesure de sa pratique. Les guitaristes trouvent facilement l'accord suivant. La mémoire musculaire complète l'action sans trop réfléchir. En répétons notre discours en sachant à quel point ce qu'il exprime est essentiel, nous pourrons délivrer notre message sans regarder nos notes.

Le niveau de confiance que la pratique répétitive permet d'acquérir, même si elle semble ennuyeuse ou si elle prend un temps précieux, regorge de beauté. Les niveaux d'anxiété diminuent et vous êtes plus à l'aise avec vous-même et lors de vos performances.

Investissez dans votre savoir-faire

Aux quatre coins du monde, des parents dont les enfants ont à peine deux ans paient des professeurs de danse pour les aider à apprendre les bases de cet art. Même les musiciens et les artistes les plus naturels paieront un professeur pour les aider à perfectionner leur art.

Lorsque j'ai créé mon entreprise de conseil, je pensais pouvoir trouver des clients simplement en me présentant et en proposant mes services. J'ai vite compris que j'avais besoin d'aide. J'ai donc investi le peu d'argent que j'avais dans des séances de coaching virtuel. Je me sers encore de ces enseignements au quotidien. Je les ai pratiqués si souvent qu'ils sont désormais ancrés dans ma pensée et dans ma conduite.

Ma formation en dialectique m'a beaucoup appris sur la négociation ; cependant, j'ai continué à consacrer du temps à la pratique, à la formation et à la découverte d'autres méthodes d'arbitrage. En fin de compte, le temps et l'argent que j'ai investi m'ont permis de me sentir en confiance au long de mon parcours professionnel. La création et la gestion d'une entreprise exigent un niveau d'engagement qui fait écho à la discipline théâtrale que j'ai pratiquée.

S'engager dans la pratique et investir du temps et de l'argent pour son savoir-faire apporte aussi la récompense d'une motivation autoentretenue. Plus vous pratiquez, plus cela devient facile : c'est un cercle vertueux. En fait, il est possible de devenir accro à la pratique.

La pratique d'une nouvelle compétence ne va pas nécessairement monopoliser votre emploi du temps. Une heure suffit pour maintenir votre esprit alerte et engagé. Le cerveau est comme un muscle, l'exercer le rend plus fort. En cessant de le solliciter, vous perdez de la force. Mais heureusement, en reprenant le travail, la force reviendra assez rapidement. Par exemple, une langue que vous n'utilisez pas se perd. Mais une fois que vous aurez recommencé à la parler, vous serez surpris de voir tout ce qu'il en reste. Même une heure de pratique quotidienne peut avoir des résultats significatifs sur votre maîtrise des compétences. Le même engagement envers votre mental peut vous aider à améliorer votre acuité cognitive.

Répéter, c'est un jeu d'enfant

Les enfants répètent sans même s'en rendre compte. Lorsque les tout-petits jouent, ils exercent leur motricité globale et leur motricité fine. Les activités ludiques leur permettent d'exercer leurs aptitudes sociales. Dès la naissance, ils s'entraînent à créer des connexions, et chaque vocalise ouvre la voie à la conversation. Tout nouveau jouet les encourage à exercer leurs capacités d'adaptation et d'apprentissage. Et même s'ils ne s'en rendent pas compte, les devoirs constituent une autre occasion d'apprentissage répétitif.

Ce phénomène n'est pas réservé aux humains. Lorsque des chiots mordent et luttent entre eux, ils apprennent, et les petits tigres jouent à des jeux qui ressemblent et l'initient à la chasse.

L'un des objectifs des formations que mon entreprise propose aux cadres de haut niveau consiste à les amener à considérer l'entraînement comme un jeu. Nous leur proposons souvent des exercices drôles, exagérés et excessifs. Nous voulons qu'ils s'amusent tout en apprenant et en perfectionnant de nouvelles aptitudes.

Les personnes qui ont du mal à faire preuve de discipline et de volonté dans leur pratique sont invitées à se poser trois questions.

- Comment rendre l'exercice amusant pour vous-même ?
- Comment rendre l'expérience plus ludique ?
- Comment jouer tout en pratiquant ?

La pratique ouvre de nouvelles voies neuronales dans le cerveau, et si nous parvenons à apprécier le travail, nous aurons plus de chances de consolider ces voies. Au cours de leur première année, les bébés établissent chaque jour un nombre impressionnant de voies neuronales. Le développement précoce nécessite une grande quantité d'énergie mentale, ce qui explique en partie pourquoi les enfants dorment autant. La croissance des voies neuronales se poursuit également chez les adultes. Notre cerveau élabore de nouvelles chaînes neuronales en réponse à nos expériences. Cela se produit le plus souvent en réponse à une blessure ou à une maladie, mais dès que l'on focalise suffisamment son attention sur un point précis, il est possible de reconnecter le cerveau et de créer des voies neuronales. Par conséquent, la répétition de toute pratique, négative ou positive, peut entraîner et renforcer le cerveau. [17]

Avec l'âge, il est encore plus fondamental de pratiquer des activités qui renforcent le cerveau. Le vieillissement réduit naturellement le nombre de voies neuronales ; cependant, en faisant travailler son mental, en dormant suffisamment et en faisant de l'exercice, il est possible de continuer à les construire. Le choix conscient de suivre un cours ou de pratiquer une nouvelle langue ou une nouvelle activité peut ralentir le déclin cognitif. [18]

Ma mère exerce toujours en tant que psychologue. Elle n'a pas besoin de travailler, mais elle aime son travail. Sa profession l'aide à rester alerte et l'encourage à toujours proposer des idées nouvelles. Elle est également très engagée sur le plan social. Par exemple, elle fait partie d'un club de lecture depuis plus de vingt ans. Parce qu'elle s'entraîne à trouver des idées originales et à lire des livres stimulants, elle ouvre de nouvelles voies neuronales et entretient la jeunesse de son cerveau.

La vraie valeur de la pratique

Répéter engendre des imperfections et des erreurs. Vous aurez donc parfois l'impression de perdre votre temps. Vous achèterez le mauvais livre ou choisirez le mauvais coach. Vous pourriez passer trois heures à travailler dur, pour finalement vous rendre compte que la personne pour laquelle vous avez investi du temps ne vous convient pas. Mais ce n'est jamais du temps perdu, car en se confrontant à ce qui ne réussit pas, on réalise ce qui réussit.

Acceptez dès le départ que vous ne réussirez pas systématiquement. Il y aura inévitablement des moments d'échec, des faux départs et des impasses. Et chacun de ces moments comportera des leçons. Vous découvrirez probablement que ce que vous retiendrez de cette mauvaise expérience aura plus de valeur que la non-réalisation de votre objectif.

Par exemple, il arrive que mes consultants aient du mal à élaborer un nouveau cursus éducatif. Nous pourrions avoir budgétisé une journée pour une formation qui nécessite une journée et demie. Une autre entreprise redoute toujours les dépenses supplémentaires ou le temps perdu. Plutôt que de s'énerver, notre équipe ne perd jamais de vue la situation globale. Certains projets nécessitent simplement plus ou moins de temps. Et plus nous répétons, moins ces projets prendront de temps. Mais s'entraîner sans se soucier de ce qui pourrait être vu comme des échecs permet de développer ses compétences et de réaliser le meilleur travail possible.

J'ai remarqué que les personnes qui réussissent le mieux ne se plaignent pas du temps supplémentaire consacré au développement de leurs aptitudes. La pratique ouvrira toujours des portes. Ceux qui ont un esprit de manque se soucient de ces quelques minutes de plus, tandis que ceux qui ont un esprit de prospérité accordent autant d'importance à l'expérience qu'au temps et à l'argent.

Geoff Colvin a écrit un livre étonnant intitulé *Talent is Overrated (Le talent ne fait pas tout)*. Il explique que c'est la pratique volontaire qui permet aux personnes les plus performantes de se démarquer des autres, plus encore que le talent. Il fait référence à des personnes telles que Bill Gates, Steve Jobs et Michael Jordan. Colvin raconte l'histoire d'un célèbre joueur de baseball en passe de devenir le prochain Babe Ruth. Son entraîneur avait identifié une aptitude qui lui donnerait cet avantage concurrentiel. Ensuite, selon une méthode très précise et délibérée, l'entraîneur a mis au point un plan d'entraînement ciblé et répétitif pour le joueur. Il a ajouté cette phase supplémentaire à son entraînement habituel. Dans le film The Natural (Le Meilleur), le père de Roy Hobbs lui dit : « Vous avez un don, Roy. Mais ça ne suffit pas. Vous devez vous renforcer. Si vous misez trop sur votre talent... vous échouerez ». [19]

Une personne qui possède un talent naturel de haut niveau pense qu'elle n'a pas besoin de s'entraîner. Néanmoins, avec de l'entraînement, elle pourra passer d'une note de 9,9 à 10 et devancer la compétitivité. La pratique délibérée développe la précision et la régularité. Elle sépare le sommet de l'apogée.

Le livre de Malcolm Gladwell *Outliers (Les Prodiges)* explique que pour devenir expert, il faut investir 10 000 heures dans son métier. Comme nous disposons tous de temps limité, il est nécessaire de bien choisir l'usage que nous en faisons.

En public

Répéter seul est un bon début en soi, mais à terme, vous aurez besoin du regard d'autres personnes. Une troupe de danse a besoin de synchronisation entre les danseurs, chaque instrument de l'orchestre doit apprendre à entendre les autres, et les acteurs se synchronisent à la mise en scène. La pratique délibérée ne peut jamais se faire en solitaire.

La forme de pratique la plus enrichissante consiste à travailler avec quelqu'un de très compétent dans votre domaine, quelqu'un qui peut vous guider, vous montrer et vous critiquer en toute honnêteté. Ce regard extérieur révèle vos lacunes. Nous en avons tous. Mais nous devons être prêts à accepter les retours, même s'ils sont désagréables. Comment saurons-nous quels aspects nécessitent davantage de pratique si personne ne nous montre nos failles ?

Il est également important de pouvoir montrer ses aptitudes en public. Les pianistes et les danseurs participent à des récitals, les orchestres des collèges organisent des concerts, car les jeunes s'améliorent quand on les regarde. Même la scène devient un lieu de répétition où l'artiste apprend à tenir bon malgré ses nerfs et à tomber ou à faire des erreurs avec grâce.

Nos relations ont besoin du même type de structure. Se connecter aux autres requiert de l'entraînement. Qu'il s'agisse d'une relation professionnelle, amicale ou amoureuse, les relations exigent toujours de l'implication. Chaque rapport pourrait évoluer telle une danse si nous le souhaitons. Parfois nous menons, parfois nous suivons.

Dans une relation amoureuse, d'abord nous sortons ensemble, ensuite nous nous engageons. Parfois on embrasse plusieurs crapauds avant de trouver le Prince Charmant, mais à chaque fois, nous en apprenons autant sur nous-mêmes que sur les rapports qu'on entretient avec les autres. Apprendre à mieux se connecter aux autres est un processus graduel, et les connaissances que l'on en retire nous permettent de mieux collaborer, de nouer des rapports plus solides et de cultiver la résilience. La connexion, même après des années, demande toujours du travail. Les rapports évoluent au fur et à mesure que chacun grandit et évolue. Mais comme cela est irréfléchi, nous n'en tenons pas compte. Sans pratique, les rapports se défont.

Les corrections et les mises à jour devraient aussi se faire en public. Quand nous soumettons des idées ou présentons des services, il y a toujours lieu de s'améliorer la prochaine fois. La réflexion stratégique s'appuie sur ce que nous avons découvert lors de notre dernière prestation publique. Chaque engagement public devient un tremplin vers le meilleur de soi.

Depuis près de vingt ans, je réalise des présentations formelles pour la phase finale de nos appels d'offres. Ces présentations publiques exigent une grande quantité d'énergie et de focus mental. Elles m'épuisaient. J'ai cependant appris à les envisager comme un terrain d'entraînement. Par la suite, j'ai pu comparer les projets que j'avais perdus avec ceux que j'avais gagnés pour déterminer les points qui nécessitaient plus d'entraînement en coulisses. En fin de compte, cela m'a permis de devenir moins nerveuse avec le temps, car je me suis ancrée dans mes aptitudes - des aptitudes que j'ai perfectionnées en m'entraînant.

Mais même avec une confiance accrue, je continue à analyser mes présentations en compagnie de mon équipe pour rester en phase avec les changements perpétuels des environnements. Nous analysons les raisons pour lesquelles nous avons gagné ou perdu les dix ou vingt dernières propositions. Comment pouvons-nous affiner, adapter et innover notre processus - que pouvons-nous, que devrions-nous, changer ?

La pratique nous permet de garder la tête froide et de suivre le rythme de la courbe exponentielle. Le fait de toujours évaluer ce qui mérite d'être répété et d'écouter les experts qui soulignent les points à améliorer renforce la confiance et nous aide à nous ancrer dans la réalité. La pratique permet de développer l'espoir et le courage, ce qui nous encourage à pratiquer encore plus. La pratique permet de mieux se focaliser, et lorsque nous travaillons avec d'autres personnes pour affiner nos compétences, nous développons des rapports de confiance solides. Et surtout, la pratique nous donne la liberté de laisser libre cours à notre créativité. Ces six pratiques permettent de s'ancrer alors que le monde devient incontrôlable. L'apprentissage de ces principes d'ancrage nous livre les étapes fondamentales qui nous permettront, à mesure que nous accélérerons, d'entamer notre danse avec le chaos.

Pistes de conversation Genie™ pour la Pratique

Allez sur www.talk2genie.com et tapez l'une de ces amorces de conversation :
- Aidez-moi à mettre en place une routine d'entraînement cohérente
- Créons un plan d'entraînement autour d'une compétence spécifique
- Je veux surmonter les obstacles dans ma pratique
- Créer un système de suivi des progrès de ma pratique
- Prendre l'habitude de réfléchir régulièrement à ma pratique
- Améliorons l'efficacité de ma pratique
- Je veux intégrer de nouvelles compétences dans ma routine d'entraînement

Conseils pratiques pour renforcer votre jeu par la Pratique.

Soyez réaliste, restez simple, vous êtes une rock star ☺

Ces exercices sont conçus pour vous aider à améliorer progressivement vos compétences et votre expertise et à vous adapter aux exigences constantes d'un monde évolutif et complexe. En déployant des efforts constants, en sollicitant un feedback et en utilisant des stratégies de pratique délibérées, vous ferez des progrès significatifs et adapterez vos compétences à toute situation évolutive.

Sessions de micro Learning :
Divisez votre apprentissage des compétences en sessions de micro Learning courtes, focalisées et régulières. Consacrez chaque jour 2 à 5 minutes (séquence très courte) ou 5 à 15 minutes (séquence courte) à la pratique et à l'amélioration d'une compétence spécifique. Qu'il s'agisse d'apprendre une nouvelle langue, de maîtriser un instrument de musique ou d'améliorer vos capacités de codage, une pratique régulière, par petites touches, permet d'intégrer la nouvelle compétence à votre entreprise et à vos habitudes générales et, au fil du temps, de produire des résultats significatifs.

Feedback :
Créez une boucle de feedback pour le développement de vos aptitudes. Demandez un feedback à des mentors ou à des pairs, ou évaluez vous-même votre progrès à intervalles réguliers. Le feedback constructif vous aide à identifier les points à améliorer et à ajuster votre pratique technique en conséquence. Considérez le retour d'information comme une occasion d'affiner vos compétences. Il est parfois utile de considérer le feedback comme un cadeau que vous recevez ou, dans une situation inverse, que vous donnez.

Pratique délibérée :
Mettre en œuvre des techniques de pratique délibérée pour améliorer ses compétences. Cela implique de se fixer des objectifs spécifiques et stimulants, de les subdiviser en tâches distinctes et de pratiquer avec un niveau élevé de focus et d'intention. Par exemple, si vous êtes écrivain, fixez-vous

pour objectif d'écrire un certain nombre de mots par jour, d'étudier l'art de la narration et d'analyser votre écriture de manière critique afin de l'améliorer.

Dans un contexte professionnel, la pratique délibérée pourrait impliquer qu'un vendeur répète et affine son argumentaire de vente, réponde aux objections et cherche à obtenir un feedback de la part de ses mentors ou de ses collègues. Il pourra s'entraîner à répétition sur des éléments spécifiques de l'argumentaire afin d'améliorer son efficacité globale et sa capacité d'adaptation en situation de vente.

DEUXIÈME PARTIE

Découvrir les compétences d'accélération

CHAPITRE SEPT

Adaptabilité

Il est impératif de s'ancrer pour pouvoir danser dans cet environnement en évolution constante. Pourtant, pour survivre, il faudra trouver un moyen de suivre le rythme, ce qui signifie apprendre à accélérer autant, voire plus vite, que la culture en évolution exponentielle. L'astuce étant d'augmenter la vitesse sans pour autant tomber dans le piège de la surenchère d'énergie - un piège qui s'offre trop souvent à tous. Oui, nous trouverons des cas où le fait d'avancer lentement et délibérément nous servira, mais ceux qui pourront accélérer, danser en synchronisation avec le rythme du changement au lieu d'autoriser le bruit du monde à leur voler leur élan, finiront par réussir.

Danser avec le sens de l'adaptabilité

Les improvisations et impromptus se combinent avec la musique depuis des siècles. Le théâtre les intègre à partir du premier millénaire. La danse improvisée a progressivement fait son entrée dans la pratique au cours de ces quatre cents dernières années. Tous les arts du spectacle et toutes les entreprises à succès ont commencé à comprendre l'intérêt des techniques d'ancrage et de les exploiter pour s'adapter.

Les artistes qui travaillent ensemble pour créer un spectacle inédit pour un public ont passé des heures à apprendre à s'adapter à toutes les situations. En perfectionnant leurs compétences, ils peuvent anticiper les mouvements des autres artistes, permettant ainsi à chaque musicien et danseur de faire vivre la scène en y ajoutant leur talent unique en plus.

L'adaptabilité se développe comme un muscle ; elle a besoin de pratique et d'exercice. Les études récentes de McKinsey, du Forum Économique Mondial et du Boston Consulting Group, entre autres, classent souvent la faculté d'adaptation dans le palmarès des cinq aptitudes les plus recherchées en milieu professionnel. Le concept d'adaptabilité pourrait remplir dix volumes à lui seul et renvoie à tous les autres concepts abordés dans ce livre. L'adaptabilité résulte de la créativité et de la pratique. Elle fait surgir l'espoir et exige du courage.

La survie de ceux qui s'adaptent

La nature démontre sans cesse la valeur de l'adaptabilité. L'étude de Darwin relative au papillon de nuit constitue l'une des démonstrations les plus manifestes. Le scientifique a noté que les papillons blancs tachetés de noir se modifiaient au cours du temps pour survivre. Lorsque l'ère industrielle a détérioré la qualité de l'air et détruit le lichen sur les arbres, les papillons de nuit ont subi une mutation génétique qui les a rendus plus sombres. Ils devaient soit s'adapter à leur environnement, soit se faire dévorer par les oiseaux. Cent ans plus tard, la lutte contre la pollution a fait réapparaître le lichen et aussi les papillons de nuit de couleurs claires. La rapidité d'adaptation de ces insectes a donné raison à Darwin. « Ce n'est pas le plus fort de l'espèce qui survit ni le plus intelligent. C'est celui qui s'adapte le mieux au changement ». Parfois, la capacité d'adaptation fait la différence entre le vacillement et la réussite, et d'autres fois, elle détermine littéralement la survie ou la mort.

Le monde a compris l'importance de la capacité d'adaptation à la suite de l'attaque des tours de New York et des autres sites emblématiques des États-Unis. Les vols annulés et le sentiment d'incertitude suscité par les voyages ont entraîné un renforcement des mesures de sécurité dans les aéroports du monde entier. De même, la pandémie de 2020 a contraint les pays à s'adapter. Face aux mesures de confinements, la liberté de mouvement a laissé place à un mode de vie régi par de sévères restrictions. Les parents se sont adaptés en apprenant à scolariser leurs enfants à domicile, les chambres à coucher ont été aménagées pour créer des bureaux à domicile, et le secteur des services non essentiels et leurs employés ont dû s'adapter de manière créative pour garder la tête hors de l'eau. En France, nous nous sommes retrouvés confinés dans nos appartements pendant deux mois et demi, avec seulement une heure ou moins de sortie par jour. L'adaptabilité est alors devenue la seule option possible pour le monde entier. Notre volonté d'adaptation - ou son absence - façonnera notre avenir.

Adaptabilité professionnelle

Chaque être humain et la plupart des animaux naissent avec un sens inné de l'adaptation. Avec le rythme exponentiel des changements auxquels nous sommes confrontés au XXIe siècle, il est impératif de mettre un coup de fouet à notre faculté d'adaptation.

Mon entreprise adapte régulièrement son offre de services. Les changements intervenus sur les marchés économiques en 2015 ont rendu notre approche obsolète. Parallèlement, en raison de l'impact de la crise sur différents secteurs, nous n'avons pas eu à déployer tant d'efforts pour persuader les dirigeants de l'importance des formations en soft skills, c'est-à-dire en compétences non techniques ; les clients nous ont sollicités d'eux-mêmes.

Au fil du temps, plus le changement s'est accéléré, plus notre adaptabilité s'est accélérée. En 2016, nous avons commencé à expérimenter divers formats et avons pris plus de risques dans notre approche très orientée vers l'action. Nous avons pu prendre ces risques parce que nos clients évoluaient eux aussi très rapidement. Nous en avons tous tiré profit, en allant plus loin que jamais ensemble.

En 2019, le secteur s'est tourné vers le développement digital des compétences, mais j'ai trouvé l'approche traditionnelle horriblement ennuyeuse : des personnes regardant des diapositives animées expliquant comment relayer un feedback efficace ou persuader un comité de direction. Mon équipe a eu l'idée de développer une méthode et une plateforme innovantes pour développer les soft skills grâce à une approche digitale basée sur l'action et l'émotion. Nous avons recours à l'expérimentation et à la pratique, et les coachs se connectent profondément avec les participants pour encourager la sensibilité et la prise de risque.

Lorsque la COVID a frappé, il a fallu s'adapter à nouveau. Tous nos programmes de formation en présentiel ont dû être virtualisés. Nous avons commencé par des dizaines de programmes sur mesure et nous avons poursuivi avec des centaines d'autres. Si nous ne nous étions pas adaptés, nous aurions capitulé. Ce qui m'a le plus manqué, ce sont les interactions en face à face. J'apprécie l'énergie émotionnelle et la façon dont chaque geste et chaque expression du visage renforcent l'interaction. Au début, il était difficile de recréer ce type d'énergie par vidéoconférence, mais nous avons répété jusqu'à ce que cela paraisse plus naturel. Nous avons analysé la cause de cette vibration en direct et nous avons trouvé le moyen d'obtenir les mêmes effets virtuellement. La pandémie a servi de catalyseur à l'élaboration de nouvelles approches.

Certains de mes coachs n'ont pas pu s'adapter au nouvel environnement de travail. D'autres ont produit une énorme quantité d'énergie, de désir, d'engagements, de curiosité et de connexion en mode virtuel. Nous avons débriefé, réfléchi à des alternatives et collaboré en équipe pour répéter et s'améliorer.

Malgré les bouleversements environnants, nous avons enregistré une croissance de 22 % en 2020 et de 70 % en 2021. L'adaptabilité rapide à une approche virtuelle pratique et focalisée sur l'action a été essentielle à notre survie et à notre prospérité.

Augmenter son quotient d'adaptabilité

Tout le monde a entendu parler du quotient intellectuel (QI), et désormais le quotient émotionnel (QE) devient tout aussi familier. Aujourd'hui, les entreprises se tournent vers le quotient d'adaptabilité (QA) et, avec le temps, le QA deviendra de plus en plus important. Que vous postuliez un premier emploi ou à un poste plus stratégique de haut niveau, la faculté d'adaptation sera une compétence indispensable pour réussir. Ceux qui ne parviendront pas à s'adapter à l'évolution du monde du travail ne pourront pas réussir.

Certaines personnes sont naturellement capables de s'adapter, mais tout le monde peut accroître sa faculté d'adaptation. Chaque expérience et chaque contexte nous permettent de nous exercer à l'adaptabilité. Chaque défi, chaque succès et même les échecs peuvent nous façonner.

Les gens ont tous la capacité d'évoluer de manière significative, et ce, bien plus qu'ils ne le croient. Nous pouvons tous augmenter notre QA, mais notre niveau de progrès dépend essentiellement de notre volonté d'apprendre. Tout type de défi peut être une expérience d'apprentissage - le divorce, la perte d'un être cher, l'évolution des affaires, la restructuration économique et bien d'autres situations nous donneront l'occasion de pratiquer l'adaptabilité.

En outre, notre environnement influence largement notre faculté d'adaptation. En nous entourant de personnes qui nous soutiennent et en contrôlant notre stress, nous augmenterons notre capacité d'adaptation. Un dispositif de soutien efficace nous permet d'être plus ouverts et plus détendus. Nous nous sentons plus à l'aise pour expérimenter et exprimer notre opinion, ce qui nous permet de mettre en pratique notre adaptabilité.

Bien que le stress zéro soit impossible et qu'un stress excessif mette à rude épreuve notre système nerveux, notre physiologie, nos émotions et nos capacités cognitives, sans aucun défi, nous deviendrons en réalité moins adaptables. Mais entre les deux extrêmes, il existe une zone de stress qui est stimulante et motivante dans une mesure qui correspond à nos ressources, à nos capacités et à nos objectifs, et de manière saine. Un certain niveau de stress peut favoriser notre quotient d'adaptabilité.

S'adapter au monde digital

Le domaine du QA est un domaine émergent, mais il existe déjà des données substantielles permettant de décrire quantitativement l'adaptabilité. Malgré l'intérêt spectaculaire que connaît ce sujet, de nombreux dirigeants restent sceptiques.

L'homme s'adapte depuis la nuit des temps. L'âge de pierre, l'âge de bronze et l'âge de fer sont autant de périodes d'adaptation. Mais l'adaptabilité est devenue plus importante encore lorsque le monde est entré dans la révolution industrielle. Du charbon au gaz, en passant par l'électronique et les énergies renouvelables, l'humanité a progressé à un rythme que nos ancêtres n'auraient jamais imaginé. Aujourd'hui, en pleine révolution digitale, les entreprises doivent encore s'adapter pour répondre aux besoins de l'humanité. Tout change : notre façon de travailler, de produire des aliments, de pratiquer la médecine et bien plus encore. Les gens rêvent de créer une espèce interplanétaire, et nous devons apprendre à nous adapter à l'intelligence artificielle. Nous n'avons plus qu'un seul choix : s'adapter ou se déconnecter de plus en plus.

L'un des résultats imprévus de la révolution digitale réside dans l'isolement croissant des individus. Au lieu d'aller prendre un café avec des amis, nous envoyons un SMS pour nous excuser d'être trop occupés. Avec le développement des médias sociaux, de nombreux rapports sont devenus superficiels et il est souvent plus facile de supprimer des amis ou de bloquer quelqu'un que de s'efforcer de créer une communauté. La diminution des interactions en personne signifie que, malgré les moyens permettant d'être de plus en plus connecté, notre société est devenue de plus en plus détachée.

Cette période de changement nous induit à trouver de nouveaux moyens pour répondre à nos besoins en matière d'associations humaines. Intellectuellement, nous pouvons penser que nous sommes suffisamment connectés en raison du nombre « d'amis » que nous avons sur Facebook ou de contacts sur LinkedIn. Nous échangeons des textes avec de vrais amis et prenons de temps en temps des repas en groupe avec des collègues. Chaque jour, nous voyons un flot ininterrompu de visages sur Zoom ou Teams. Cependant, il est important de ne pas confondre ces échanges passagers avec des connexions véritables, profondes et significatives. Il est essentiel de s'adapter à l'ère digitale sans pour autant délaisser les relations personnelles.

Mes équipes aident les gens à se connecter plus consciemment aux autres, à leur sens, à leur mission, à leur travail et à qui ils sont réellement. Alors que le monde continue à évoluer et à s'accélérer, nous observerons des initiatives créatives visant à faciliter cette évolution. Il est paradoxalement plus facile et plus difficile que jamais de se connecter à l'ère digitale - facile à un niveau superficiel et extrêmement difficile à un niveau plus profond.

La vitesse exponentielle du changement représente un véritable défi. Si tout le monde n'améliore pas son QA, la société se divisera en deux catégories : ceux qui se sont adaptés et ceux qui ne l'ont pas fait. Bientôt, nous disposerons de la technologie nécessaire pour automatiser de plus en plus de fonctions. En outre, moins de personnes souhaitent exercer des professions traditionnelles telles que les emplois administratifs, de bureau et de service. Ces postes étant de plus en plus difficiles à pourvoir, l'automatisation devient une solution encore plus plausible.

Qu'adviendra-t-il de ceux qui, pour une raison ou une autre, ne saisissent pas l'importance de l'adaptabilité ? Ils seront laissés pour compte. Ainsi, ceux qui ont appris à s'adapter ont la responsabilité d'encourager et d'aider les personnes qui les entourent à trouver leur place dans le monde digital.

Il est étonnant de constater que de nombreuses personnes, même des jeunes actifs, ne s'adaptent pas à l'ère digitale et n'améliorent pas leurs compétences en matière de technologie. Certains évitent même le courrier électronique et les SMS. Comment fonctionneront-ils à l'avenir, alors que la communication numérique devient de plus en plus sophistiquée ?

Comment votre vie a-t-elle changé au cours des cinq dernières années ? Les lieux de travail ont évolué à un rythme soutenu au cours de cette période. Il est de plus en plus courant de travailler à distance et de ne jamais rencontrer ses collègues dans la vie réelle. Il n'y a pas si longtemps, la vidéoconférence, les réseaux privés virtuels (VPN) et d'autres technologies à distance ont commencé à faire leur apparition dans les entreprises. Pourtant, il était culturellement inacceptable de se détacher complètement des bureaux physiques. Devenir un nomade digital, une personne qui se déplace d'un endroit à l'autre mais collabore de manière fiable avec une équipe cohérente, est devenu populaire. La pandémie a accéléré le passage à des horaires de travail flexibles en distanciel.

Ceux qui ont un QA élevé n'ont pas besoin d'un bureau pour être productifs. Certains se révèlent encore plus performants dans des contextes diversifiés et changeants. Dans le passé, travailler en dehors d'un bureau donnait l'impression que les travailleurs étaient moins engagés ou moins productifs. Aujourd'hui, en revanche, le nomadisme digital renvoie une image plus juste, tournée vers les compétences qui sont à privilégier par rapport au travail, en mettant l'accent sur la faculté d'adaptation élevée.

Le modèle ACE

Mon entreprise s'est associée à une société appelée AQai pour utiliser une évaluation développée pour mesurer et traiter le quotient d'adaptabilité au sein d'une entreprise.

Notre mission commune est de co-élever et d'aider les gens à trouver plus de bien-être et de performance à travers une plus grande capacité d'adaptation. Nous cherchons à aider les gens à comprendre comment la rapidité et l'ampleur des changements que nous vivons nécessitent une accélération des compétences en matière d'adaptabilité.

L'évaluation de l'AQai, le modèle ACE, mesure quinze sous-compétences distinctes de la capacité d'adaptation en matière d'aptitudes, de personnalité et d'environnement. Les progrès technologiques réduisent le besoin de compétences spécifiques. Même pendant les mois où j'ai écrit ce livre, l'intelligence artificielle et la façon dont les gens l'utilisent ont évolué de manière considérable. Le bilan ACE peut nous aider à déterminer les secteurs susceptibles de résister à un changement aussi radical et nous indiquer comment renforcer notre quotient d'adaptabilité.

La première caractéristique du modèle ACE correspond à l'Aptitude. Ses cinq sous-compétences sont le Désapprentissage, la Souplesse Mentale, le Courage, L'État d'Esprit et la Résilience. Toutes ces sous-compétences peuvent être améliorées et très bien enseignées. Ceux qui veulent rester en tête de la courbe exponentielle savent qu'ils doivent acquérir de nouvelles compétences ; cependant, ils devront également développer leur capacité à désapprendre. Pour pouvoir s'adapter efficacement, il faut être prêt et capable d'apprendre rapidement, tout en renonçant aux anciennes méthodes et idées. Cette disponibilité à l'égard de nouvelles idées conduit à une flexibilité mentale et nous aide à développer le courage, ou le cran, nécessaire pour aller de l'avant.

Cultiver une vision positive du changement et voir le verre à moitié plein nous guide vers un état d'esprit propice à l'épanouissement au sein du monde actuel. Ce filtre mental permet d'identifier les opportunités plutôt que les obstacles et à favoriser la résilience.

Ces compétences ne sont pas nécessairement en relation les unes avec les autres - le cran n'augmente pas nécessairement la capacité à désapprendre - mais elles sont fortement corrélées.

La deuxième caractéristique du modèle ACE correspond au Caractère. Les sous-compétences sont liées aux caractéristiques innées de chacun, mais elles sont plus malléables qu'on ne l'imagine, même si elles ne le sont pas autant que les sous-compétences d'aptitudes. Grâce à une prise de conscience accrue et à du coaching, nous pouvons développer l'Extraversion, l'Espoir, la Motivation, le Mode de pensée et la Réaction émotionnelle.

Ces cinq caractéristiques étant fortement liées au tempérament, une caractéristique peut être plus facile à développer qu'une autre. L'un des aspects les plus intéressants de la faculté d'adaptation porte sur le fait qu'il n'est pas nécessaire de renforcer chaque sous-compétence pour augmenter votre QA global. Vous pouvez renforcer vos points forts ou vous focaliser sur une ou deux faiblesses. Chaque amélioration augmentera votre niveau d'adaptabilité.

Une personne introvertie peut avoir besoin de se dépasser pour rencontrer de nouvelles personnes ou se lancer dans de nouvelles entreprises. Toutefois, si vous ne vous sentez pas enclin à être plus extraverti, vous pourriez vous focaliser davantage sur votre mode de motivation. Certains sont motivés par la victoire, d'autres par la sécurité. Les personnes motivées pour gagner dans le cadre d'un jeu ont tendance à s'adapter plus facilement. La croissance les motive. Ils jouent sur la base d'un état d'esprit de prospérité - il y en a pour tout le monde, je dois juste trouver un moyen d'obtenir ma part. D'un autre côté, ceux qui « jouent pour protéger » s'inscrivent davantage dans une logique de pénurie : l'offre étant limitée, nous devons à tout prix protéger ce que nous possédons. Pour s'adapter, ceux qui veulent protéger leur statut actuel peuvent accroître leur caractère en « jouant pour gagner », et en cherchant à s'améliorer la prochaine fois qu'ils seront face à un défi qu'ils essaieront de conclure une vente ou qu'ils s'efforceront de faire accepter un projet.

Enfin, la dernière composante est l'Environnement. Cela comprend le Soutien au travail, le Stress au travail, l'Accompagnement de l'entreprise, l'Esprit d'équipe et la Santé émotionnelle.

Une grande partie de notre environnement est basée sur la perception, et cette perception nous rend plus ou moins adaptables. Les managers et les dirigeants disposent d'un arsenal puissant de pratiques et d'initiatives qu'ils peuvent mettre en place pour améliorer la capacité d'adaptation de leurs équipes. Favoriser un climat de soutien où les différents membres de l'équipe peuvent exprimer leurs idées, partager leurs échecs et leurs difficultés et proposer de nouvelles solutions sans craindre les critiques malveillantes ou d'autres représailles augmentera naturellement le QA global du groupe.

Grâce à l'évaluation d'AQai, il est possible de mesurer son QA personnel. Une charmante IA nommée Aida pose une série de questions et produit un rapport résumant le niveau de chaque sous-compétence. Si vous découvrez que votre niveau de désapprentissage est très élevé mais que votre niveau de motivation est assez faible, vous pourrez exploiter cette information pour décider comment utiliser au mieux certaines de vos sous-compétences. Par exemple, le fait d'augmenter votre courage vous aidera-t-il dans votre situation actuelle ? Puisque vous êtes doué pour désapprendre, quelles connaissances périmées devriez-vous abandonner pour répondre au mieux à la situation actuelle ?

L'adaptabilité en tant que concept scientifique n'est pas nouvelle, mais le modèle ACE est à la pointe de la recherche sur l'adaptabilité. Il nous aide à prendre conscience de notre capacité à nous adapter aux changements technologiques et à cultiver consciemment cette faculté d'adaptation au quotidien.

Évaluer son mental

Quelques questions peuvent être posées pour déterminer le niveau de base du quotient d'adaptabilité :

- Êtes-vous ouvert à l'évolution et aux nouveautés, ou le changement est-il source de tension, car vous pensez que votre situation sera bien pire qu'elle ne l'était auparavant ?

- Vous focalisez-vous sur les lacunes des nouvelles technologies ou en percevez-vous le potentiel ?

- Est-ce que votre ignorance en matière de technologie vous empêche d'apprendre et vous embarrasse, ou êtes-vous prêt à paraître ridicule la première fois que vous ferez quelque chose, tout simplement parce que c'est super d'essayer ?

Nos réactions au changement ont un impact significatif sur nos résultats. Par exemple, qu'on le veuille ou non, les progrès technologiques continus changeront le contexte actuel de nos réunions. Les méthodes employées aujourd'hui seront progressivement abandonnées, et de nouvelles approches prendront le relais. Pensez à l'évolution des téléphones. En moins de cent cinquante ans, les lignes fixes sont passées de leur première utilisation à une quasi-obsolescence, les téléphones cellulaires utilisés uniquement par les entreprises sont devenus un ordinateur de poche pour tous, en seulement trois décennies.

Tout ce qui concerne la technologie est voué à suivre le même processus. Si vous ne vous adaptez pas, vous ne participerez pas. Je partage l'objectif d'AQai qui consiste à ne laisser personne de côté. Il est important pour moi de sensibiliser à la faculté d'adaptation et au fait qu'elle est indispensable, afin que le plus grand nombre possible de personnes puisse vivre agréablement, non seulement dans le monde d'aujourd'hui, mais aussi dans celui de demain. Il suffit d'effectuer une recherche sur Internet à partir de pages datant de quelques années seulement pour découvrir des prédictions technologiques qui sont apparues bien avant l'heure. Sans un état d'esprit d'adaptabilité, nous ne pourrions pas suivre le rythme. C'est pourquoi notre société a développé des programmes de pointe pour enseigner et mettre en pratique des aptitudes essentielles favorisant la capacité d'adaptation.

Chaque saison, même les danseurs les plus novices apprennent de nouvelles chorégraphies. Ils s'appuient sur les compétences qu'ils ont acquises l'année précédente et renoncent à la gestuelle devenue obsolète. Leur capacité à s'adapter à de nouveaux rythmes et à de nouvelles figures leur permet de générer de la beauté et du mystère. De même, en prenant conscience de l'importance de l'adaptabilité et en privilégiant le développement de ses différentes dimensions, nos progrès s'accéléreront. En apprenant la danse chaotique la plus innovante, le sentiment d'être dépassé s'estompera et nous serons mieux à même de suivre la cadence accélérée du monde.

Pistes de conversation Genie™ pour l'Adaptabilité

Allez sur www.talk2genie.com et tapez l'une de ces amorces de conversation :
- Aidez-moi à devenir plus adaptable dans mon travail
- Créons un plan pour faire face aux changements inattendus
- Je veux améliorer ma résistance aux échecs
- Créer une routine pour améliorer mes capacités d'adaptation

- Créer un état d'esprit me permettant d'accepter le changement
- Améliorons ma capacité à acquérir rapidement de nouvelles compétences
- Développer des stratégies pour rester flexible sous pression

Conseils pratiques pour renforcer votre jeu par l'Adaptabilité.

Soyez réaliste, restez simple, vous êtes une rock star ☺

Ces exercices pratiques vous aident à renforcer votre adaptabilité dans un contexte de changements constants et intenses. Ils peuvent vous aider à développer la résilience psychologique et émotionnelle nécessaire pour prospérer dans un monde complexe et en évolution constante, et à devenir plus adaptable dans votre vie personnelle et professionnelle.

Changez votre routine quotidienne :
Commencez par de petits changements, par exemple modifiez vos rituels matinaux, en essayant un nouvel itinéraire pour vous rendre au travail ou en réaménageant votre espace de travail. Observez comment vous vous adaptez et quels enseignements vous en tirez. Introduisez progressivement des changements plus significatifs, tels que l'acceptation de nouvelles responsabilités au travail ou la pratique d'un nouveau loisir. Cette approche progressive vous aidera à développer un mental résilient, ce qui vous permettra d'être mieux préparé aux transitions plus importantes qui se produiront à l'avenir.

Enjeu du scénario « Et si » :
Confrontez-vous régulièrement à des scénarios de type « Et si » en rapport avec votre travail ou votre quotidien.

Posez-vous des questions telles que : « Que va-t-il se passer si un projet important est retardé ? », « Que va-t-il se passer si je dois changer d'orientation professionnelle ? » ou « Que va-t-il se passer si je dois inscrire mon enfant dans une nouvelle école ? » Ensuite, réfléchissez à des solutions pratiques et à des solutions d'urgence. Cet exercice vous encourage à réfléchir à tête reposée, à vous adapter à des circonstances imprévues et à être plus à l'aise avec le changement en vous préparant à divers scénarios. Vous gagnerez en confiance et parviendrez à vous adapter à des changements constants et intenses !

Sessions de feedback sur l'adaptabilité :
Mettez en place des « sessions de feedback » régulières durant les réunions d'équipe ou des débriefings. Encouragez les membres de l'équipe à partager ouvertement leurs expériences en matière d'expérimentation et les échecs qui en découlent. Soulignez l'importance des enseignements qui ressortent des revers et de leur mise en pratique pour améliorer les performances et la communication au sein de l'équipe. Créez un espace sûr, sans jugement, pour que les membres de l'équipe puissent discuter de leurs expériences. Cela favorisera une attitude de tolérance à l'égard de toute forme d'échec, composante essentielle de l'adaptabilité.

CHAPITRE HUIT

Confiance

A u cours de ma première grossesse, j'ai consulté régulièrement BabyCenter qui explique chaque changement et
symptôme pour savoir si tout allait bien. Si je ne sentais
pas le bébé bouger pendant ne serait-ce qu'une demi-heure,
je m'inquiétais. Un livre sur la grossesse m'a indiqué que si
vous ne sentiez pas le bébé bouger et que vous vouliez être
rassurée, il suffisait de boire un verre de jus d'orange et de
s'allonger. Le sucre parvient assez rapidement à agiter le
bébé. Presque tous les jours, je buvais donc du jus d'orange en
espérant que le bébé bouge.

Je n'aime même pas le jus d'orange.

Après le premier trimestre de ma deuxième grossesse,
lorsque la plupart des dangers sont statistiquement écartés,
je n'ai à peine effectué de recherches. Mon expérience

précédente m'avait donné confiance et avait presque éliminé les doutes et les inquiétudes.

Mes amies suivaient le même schéma. Un soir, alors que je mettais ma fille de deux mois en pyjama, elle s'est coincé le doigt dans sa manche. J'ai dit en plaisantant à mon amie, mère de trois enfants, qui se trouvait à proximité : « J'ai dû oublier comment mettre un pyjama depuis la dernière fois ». Elle a ri. « Au troisième, tu ne les mettras même plus en pyjama. »

Une autre amie, qui a trois enfants, m'a raconté que lors de sa première grossesse, elle a passé dix heures à chercher le meilleur thermomètre pour vérifier la température de l'eau du bain. À chaque bain, si l'eau ne correspondait pas à un demi-degré près à la température idéale, elle faisait à nouveau couler de l'eau. Pour le second bébé, elle contrôlait avec sa main. Pour le troisième, elle a dit avec humour : « On met le bébé dedans. S'il ne pleure pas, c'est que la température est bonne ». Avoir confiance, c'est ça.

La confiance en soi nous donne l'énergie, la force et le courage d'aller résolument vers ce qu'on souhaite. Dans le cas contraire, on s'enlise, on ne passe pas à l'action.

Dans le monde chaotique d'aujourd'hui, il faut être capable d'assimiler et de traiter les informations rapidement, souvent pour prendre des décisions dans des délais très courts. Sans confiance, on hésite ou on choisit l'option la plus prudente. Ces décisions risquent de compromettre la réalisation de vos objectifs. Il se peut aussi que vous rencontriez davantage d'obstacles sur votre chemin.

On est tenté de faire abstraction de la confiance en soi. Mais, même au cœur d'une vie bien remplie, il est important de s'arrêter et de réfléchir aux messages qu'on s'envoie à soi-même. Si certains sont tout à fait conscients qu'ils n'ont pas le niveau de confiance en soi souhaité, d'autres n'ont qu'une confiance superficielle ou se sentent sûrs de ce qu'ils produisent tout en sentant un manque de sécurité.

Cultiver la confiance au-delà de sa zone de confort

Certains ont confiance en eux, mais cette confiance est en réalité limitée à leur zone de confort. Mais en raison de la cadence accélérée du monde dans lequel nous vivons, il est indispensable de toujours faire face à de nouvelles tâches, de nouveaux problèmes, de nouvelles questions et de nouveaux projets en dehors de sa zone de confort. Alors que tout évolue à une vitesse de plus en plus vertigineuse, il faut avoir confiance en soi pour pouvoir dépasser ce qui nous est familier.

Avez-vous pleinement confiance en votre capacité à explorer des domaines qui sortent de votre zone de confort ? En réfléchissant à la manière d'aborder de nouvelles situations et de nouveaux objectifs, Dan Sullivan a mis au point un merveilleux processus en quatre étapes appelé « 4 C's Formula® » : L'Engagement (*Commitment* en anglais) mène au Courage, qui développe la Compétence et crée la Confiance. Au fur et à mesure que la confiance se renforce, il devient plus facile de s'engager dans une idée originale ou un projet nouveau. Ces quatre C montrent parfaitement qu'il faut avoir du cran au moment de s'engager. Dan nous dit que le courage est le plus grand défi à relever.

C'est pourquoi il faut toujours s'efforcer d'accroître sa confiance en soi : ce n'est pas un trait de caractère immuable. À chaque fois que vous serez confronté à un défi, un projet, un objectif ou un but qui ne vous est pas familier, il faudra renouveler sa confiance en soi. Pour réussir dans ce monde en expansion perpétuelle, il faut s'engager avec courage, et la confiance arrive en faisant d'abord semblant d'être confiant, puis en l'étant réellement jusqu'à sa consolidation.

La confiance est un facteur d'accélération, car elle permet de se dépasser. Vous cessez d'hésiter entre plusieurs possibilités. Cela ne signifie pas que vous ne commettrez plus jamais d'erreurs. Au contraire, vous vous autoriserez à en faire. La confiance permet de comprendre que les erreurs sont inévitables mais que la plupart ne sont pas dramatiques. Notre courbe d'apprentissage augmente lorsque nous avons confiance en nos capacités et en notre résilience.

Je sais maintenant que si je rencontre un obstacle, ce n'est pas grave. Je suis certaine de trouver la solution et de faire mieux la prochaine fois. La confiance acquise au fil du temps m'autorise à être imparfaite en présence de personnes que je respecte. Je sais de mieux en mieux comment aller de l'avant, au risque de paraître parfois un peu ridicule. Que ce soit le cas ou non, j'irai toujours de l'avant. La confiance qui résulte des efforts et des erreurs me pousse à sortir de ma zone de confort et me donne une longueur d'avance pour affronter le monde.

Confiance en soi

La confiance a trois aspects. Confiance en soi, confiance en l'autre et confiance au monde. La confiance en soi a un effet considérable sur la manière dont vous réagissez aux événements et sur votre capacité à filtrer et à prendre des décisions.

Imaginez avoir une réunion avec un directeur général. Un manque de confiance vous fera douter de vous-même. Qui suis-je pour accaparer le temps de cette personne ? Par conséquent, vous risquez tout simplement de ne jamais prendre de mesures pour y parvenir. Si c'est vous qui organisez la réunion, ce même doute risque de vous empêcher d'avoir l'assurance nécessaire pour que le rapport s'établisse sur de bonnes bases.

En revanche, si vous croyez pleinement en vous, vous serez créatif. Vous prendrez des initiatives audacieuses pour atteindre vos objectifs. Tant de rêves se perdent tout simplement parce que les gens ne croient pas en eux.

La confiance en soi consiste à croire sincèrement que l'on est digne d'intérêt. Tout au long de sa vie, l'être humain est confronté à la question de sa valeur. Nous avons tous des moments où la confiance en soi oscille. Cependant, il faut veiller à ne pas tomber dans le piège du doute. Les personnes confiantes s'acceptent telles qu'elles sont. Elles sont convaincues qu'elles finiront par atteindre leurs objectifs ou qu'elles en chercheront d'autres.

Une telle confiance ne signifie pas qu'on se sente toujours en sécurité - il est humain d'avoir des insécurités, même à un haut niveau de réussite. Personne ne réussit à tous les coups. La confiance en soi qui ignore la perspective d'un échec relève de l'arrogance. Cependant, une confiance bien ancrée permet d'avoir le vent en poupe.

Les blessures liées aux expériences antérieures sont inhérentes à l'humain. Toutes ne proviennent pas de mauvaises intentions de la part d'autrui, mais ces cicatrices peuvent conduire à des croyances limitatives sur ce que nous valons, sur ce dont nous sommes capables et sur ce qui est possible. Même lorsque nous pensons avoir surmonté nos blessures, il arrive qu'elles réapparaissent. Par conséquent, nous avons continuellement l'occasion de réexaminer et de cultiver la confiance, l'estime de soi et les convictions les plus saines, afin de se transformer soi-même et de modifier sa manière de voir au fil du temps. Ce travail sur soi a toujours été essentiel, mais il est particulièrement vital pour atteindre ses objectifs au sein du chaos, de la complexité et de la précipitation qui règnent dans le monde actuel.

Confiance en l'autre

La confiance en l'autre représente un puissant facteur d'accélération. Lorsque la méfiance ou le scepticisme s'installent à la suite d'une déception passée, ce souvenir douloureux peut s'ancrer dans les mémoires. Ce sont le doute et la méfiance qui brouillent les perspectives et qui empêchent de voir les nouvelles opportunités.

Le fait que l'on aborde ou non les autres avec confiance façonne les interactions et détermine la manière dont on interprète ce qu'ils disent ou ce qu'ils proposent. Je ne prône pas une confiance non méritée - les actes sont plus éloquents que les mots. Si vous ne pouvez pas faire confiance aux personnes avec lesquelles vous travaillez en raison de leurs actions, alors il faut travailler avec d'autres personnes. Si vous avez des raisons de manquer de confiance en vos amis, il est temps de chercher un nouveau cercle.

De mauvaises actions répétées devraient vous mettre la puce à l'oreille, mais dans une situation nouvelle, il vaut mieux commencer par faire confiance aux bonnes intentions d'autrui. Si vous êtes sceptique, vous risquez de mal interpréter les personnes de bonne foi et de ne pas travailler avec une équipe de qualité.

Souvent, les gens ne partagent pas votre façon de faire et de communiquer. Ils peuvent toutefois être d'excellents partenaires dans le cadre d'une collaboration. Si vous commencez par instaurer un climat de confiance, cela permettra à tous les acteurs concernés d'avancer rapidement et en toute confiance. De plus, vous serez en mesure d'identifier de nouvelles opportunités.

La confiance en soi et la confiance en l'autre sont liées. Si vous avez confiance en vous et en votre capacité d'adaptation, vous serez plus enclin à entamer des rapports empreints de confiance. Ces deux forces combinées vous permettront de naviguer dans ce monde chaotique avec une plus grande aisance. Si vous n'avez pas confiance en vous, il sera difficile de faire confiance aux autres.

Confiance au monde

De nombreuses personnes décrivent la confiance au monde comme un état d'esprit de prospérité - vous êtes en mesure de voir tout ce qui est positif dans les occasions qui se présentent à vous. Pour voir le meilleur, il faut chercher le meilleur. C'est comme d'acheter une nouvelle voiture rouge. Tout à coup, vous verrez des voitures rouges partout ou bien vous commencerez à repérer la marque et le modèle en question. Ça ne veut pas dire que de plus en plus de gens se sont mis à conduire cette voiture le même jour que vous, vous le remarquez sans le savoir.

Nous avons tous des valeurs différentes, c'est la raison pour laquelle vous devez vous focaliser sur ce qui prime pour vous. Qu'est-ce qui vous remplit de bonheur, de joie, de satisfaction et d'énergie ? Aujourd'hui, nous sommes tellement sollicités que nous devons nous nourrir d'activités qui augmentent notre énergie au lieu de l'épuiser.

Pour tirer profit de la force d'accélération de la confiance et garder le vent en poupe, il est essentiel de voir le monde sous un angle positif. Autrement, vous ne verrez que le chaos.

Comment renforcer la confiance en soi

Les processus d'appel d'offres dans lesquels mon entreprise s'engage sont longs et complexes, et impliquent de multiples intervenants. Lorsque nous faisons partie des finalistes, une présentation finale permet à toutes les parties prenantes de se rencontrer.

Il y a quinze ans, lorsque nous avons commencé à présenter ces projets, je redoutais de commettre une erreur ou de voir quelqu'un poser une question à laquelle je ne pourrais pas répondre, ce qui aurait ébranlé ma crédibilité et ma légitimité. La pratique mentionnée plus haut n'a pas seulement amélioré mon entreprise, elle m'a aussi fait gagner en confiance. Bien que l'insécurité et le stress n'aient pas totalement disparu, ils ont considérablement diminué. Les nerfs sont toujours à vif parce que je veux gagner et parce qu'il y a de l'adrénaline associée à la victoire. Mais je ne passe plus de nuits blanches avant de faire une présentation. Cette confiance en moi me permet de me focaliser sur la problématique du client et sur les solutions que nous pouvons y apporter.

Le questionnement de nature positive

L'une des techniques utilisées par mon équipe pour renforcer la confiance en soi, que je trouve extrêmement précieuse, consiste à poser des questions positives. Pour la plupart, nous ne réalisons pas combien de questions se pose intérieurement chaque jour, dans notre tête. Vais-je prendre une autre tasse de café ? Ai-je le temps de consulter mes e-mails avant ma prochaine réunion ?

Le cerveau humain est conçu pour poser des questions et y répondre. Votre cerveau vous orientera automatiquement dans la bonne direction si vous commencez à poser les bonnes questions. Si vous êtes anxieux à l'idée de participer à une réunion, essayez de vous poser les questions positives : pourquoi est-ce que je me sens si bien dans cette situation ? Pourquoi suis-je si heureux d'être dans cette situation ? Pourquoi suis-je si confiant dans cette situation ? En quoi puis-je contribuer à cette réunion ? Votre cerveau commencera à chercher des réponses.

Tout le monde est confronté à un certain degré à un discours négatif sur soi, mais nous avons plus de contrôle sur notre monologue intérieur que nous ne le pensons. Si nous nous concentrons sur le fait de ne pas rater une présentation, de ne pas avoir mis les bonnes chaussures, de craindre ce qui se passera si nous sommes en retard ou si la personne nous apprécie, notre cerveau amplifiera la négativité. En revanche, si nous orientons notre cerveau vers la recherche du positif en posant une question qui va de l'avant, nous nous dirigerons vers des solutions et des réalisations.

Les questions positives offrent un moyen concret et pragmatique de commencer à éliminer les préjugés et de renforcer la confiance en soi, la confiance en l'autre et la confiance au monde. Posez des questions du type : De quelle manière le monde est-il meilleur aujourd'hui par rapport à dix ans en arrière ? Quelles choses étonnantes se sont produites dans le monde aujourd'hui ? Ces questions appellent une réponse qui permettra de façonner un mental positif. Les questions positives n'élimineront pas les problèmes, mais elles pourront vous permettre de trouver des solutions et mobiliser votre énergie au lieu de sombrer dans le cynisme et le désespoir. Si vous voulez résoudre de gros problèmes ou réaliser de grands projets, il faudra vous engager sur une voie positive. Sinon, vous entraverez vos propres progrès.

Attirez les personnes confiantes

Personne n'a envie d'être une Debbie Downer, et encore moins de la côtoyer. Il est humain et sain de se défouler et d'évacuer ses soucis, mais il y a un temps et un lieu pour le faire. En donnant à Debbie une place prédominante dans vos pensées, vous ne parviendrez pas à attirer ceux qui pourront vous aider à réussir.

Pour pouvoir attirer des personnes dotées d'une énergie dont vous pourrez vous nourrir, il est important de cultiver la partie positive, ouverte et confiante de votre mental. Des méthodes simples et faciles, comme sourire plus souvent et se plaindre moins, permettent d'avancer sur cette voie.

Engagez-vous à ne pas vous plaindre pendant vingt-quatre heures. Voyez comment vous vous sentez, et lorsque vous aurez terminé, réessayez. Vous vous sentirez probablement plus confiant et les gens réagiront favorablement à votre énergie positive et assurée.

Si vous faites preuve de positivité et d'un esprit d'ouverture, ceux qui possèdent ces qualités consciencieuses voudront travailler avec vous. En revanche, si vous êtes négatif et manquez de confiance en vous, vous attirerez des personnes qui renforceront votre cynisme et vos convictions limitatives.

En devenant une personne qui attire la positivité, vous reconnaîtrez ceux qui n'entrent pas dans ce cadre et éviterez d'entrer dans des rapports dysfonctionnels avec eux. Vous n'avez pas besoin d'être toujours heureux et en sécurité et il n'est pas raisonnable d'attendre cela des autres. Les êtres humains éprouvent toute une gamme d'émotions. Néanmoins, vous pouvez cultiver une paix intérieure et attirer d'autres personnes partageant cet état d'esprit.

Écouter les autres

Développer la confiance en s'appuyant sur les autres implique un sens de l'écoute et la faculté de voir le point de vue de l'autre. Il est facile, en particulier dans les conversations à fort enjeu, de tout prendre pour soi ou de penser que vos interlocuteurs veulent vous contrecarrer, vous tromper ou vous escroquer.

En nous posant et en prêtant l'écoute, nous pourrons souvent percevoir leurs inquiétudes et leurs motivations. Derrière la façade, nous établirons des connexions étroites et aurons plus confiance dans les intentions et les capacités des autres.

Ma société utilise de nombreux outils d'évaluation et des tests de personnalité. Nous constatons que les plus grandes réalisations ne découlent pas d'un outil spécifique, mais plutôt de la compréhension générale selon laquelle chacun a son propre point de vue. Chacun apprend, réagit, gère son stress et trouve sa motivation différemment. Une fois que nous avons compris que chaque personne fonctionne individuellement, nous pourrons considérer les autres d'une manière plus expansive, plus positive et plus rassurante. Comme je l'ai expliqué dans le chapitre sur les relations fortes, les connexions sont essentielles. La connexion par la compréhension des différences et le bénéfice du doute permet de cultiver la confiance relative aux méthodes de travail de l'autre.

Il est essentiel d'arrêter de parler et d'écouter les propos qui vont dans notre sens et vision. Vous comprendrez leur façon de penser et découvrirez ce qui est important à leurs yeux. Cette clarté vous permettra d'avoir confiance en leur approche et en leurs intentions. Si la collaboration ne convient pas, vous aurez les connaissances nécessaires pour agir en conséquence.

Il est facile de se souvenir des mauvaises interactions, puisque notre cerveau fonctionne en suivant des mécanismes de survie. En effet, on veut éviter de répéter des expériences négatives. S'il est important de ne pas répéter les mêmes formes de souffrance, il est possible d'adopter une approche plus large et plus nuancée et de rechercher des expériences positives à renouveler. En abordant les échanges avec l'intention d'écouter et de respecter les différences au lieu de se protéger et de se méfier, nous agirons positivement sur la confiance d'énormément de personnes.

Recadrez votre réflexion et reconsidérez votre entourage

La confiance en soi au sein de la société passe également par une attitude positive et un filtre mental. Henry Ford a dit : « Si vous pensez que vous pouvez, ou si vous pensez que vous ne pouvez pas, vous avez raison ». Il nous rappelle que nous contrôlons une grande partie de nos échecs et de nos réussites. Au lieu de succomber à la négativité, qu'elle soit professionnelle ou personnelle, dressez plutôt une liste de dix domaines dans lesquels vous vous sentez en confiance. Faites volontairement cette démarche d'identification de choses positives ou ayant le potentiel de l'être. Cette pratique renforcera votre état d'esprit positif et vous pourrez commencer à percevoir ce qui va bien dans le monde.

J'ai toujours établi de nombreuses listes. Je passe d'outils numériques à une feuille de papier et à un stylo, de mon téléphone à des mémos vocaux. Quel que soit l'outil que vous utilisez, l'établissement de listes à un pouvoir énorme et, si vous l'abordez avec adaptabilité, il peut vous aider dans presque toutes les situations. Établir une liste des raisons pour lesquelles vous avez confiance en vous, dans les autres, dans le monde et dans l'avenir peut complètement modifier votre point de vue.

Votre attitude pourra également être influencée par les personnes qui vous entourent. Un jour, mon fils et moi étions en retard pour aller chercher ma fille à un anniversaire. Je le bousculais pour qu'il mette son manteau. Il venait de terminer un cours dans lequel il s'est heurté à des problèmes informatiques complexes et collaboratifs. Les enseignants sont restés pour organiser une séance de soutien constructive et encourageante pour qu'il puisse persévérer et réussir la prochaine fois.

« Allons-y, James. On est en retard ».

Il m'a dit : « Eh bien, c'est probablement une bonne chose pour elle qu'on soit en retard, elle pourra manger plus de gâteau ! ».

C'était tellement adorable. Au lieu de se s'imprégner de mon stress, il m'a permis de recentrer ma pensée en mettant l'accent sur les aspects positifs.

Le cours de soutien nous a mis en retard, mais cela en valait la peine, car il est passé d'un état d'abattement et de frustration à un discours d'encouragement !

Cette interaction est l'un des nombreux exemples qui montrent pourquoi il est si important de tenir compte de son environnement et des personnes dont on s'entoure. Leur mental façonnera le vôtre, pour le meilleur ou pour le pire. Le mental humain est comme une éponge qui absorbe tout ce qu'elle touche. Nous sommes très influençables et impressionnables, et nous devons donc utiliser le savoir relatif à notre mental pour faire les meilleurs choix.

Et si vous pouviez ?

Pensez à toutes les montagnes que vous pourriez déplacer si vous croyez vraiment en vous et si vous ne vous imposez aucune limite. La confiance vient du fait que l'on croit en soi. Si quelqu'un d'autre a concrétisé ses rêves ou atteint l'objectif que vous vous étiez fixé, c'est la preuve que vous pouvez également y parvenir.

Même si vous n'atteignez pas votre but, vous accomplirez tout de même davantage que si vous aviez permis au doute de vous freiner. La confiance est un facteur de dynamisation, alors que le doute et la méfiance à l'égard des autres sont aussi lourds qu'un sac à dos rempli de cailloux. En vous libérant de ce poids, vous vous envolerez. Le monde moderne exige de la légèreté, de la flexibilité et de l'agilité pour pouvoir s'adapter à chaque nouveau changement.

Autorisez-vous à poursuivre des rêves aussi ambitieux que vous le souhaitez. Pour certains, la réussite peut signifier devenir le prochain magnat influent du monde des affaires ; pour d'autres, elle peut signifier la constitution d'une équipe formidable de cinq personnes. Peignez la vision de ce que vous recherchez, sans contraintes. En considérant cette vision plus grande, vous penserez peut-être que vous n'arriverez jamais à la réaliser - les perspectives limitées sont vites là. Elles nous poussent à nous demander : Et si je ne réussis pas, et si j'échoue, et si je commets une erreur ? Et si je me mets dans l'embarras, si quelqu'un me laisse tomber ou me poignarde dans le dos, ou si le monde change à nouveau avant que je n'atteigne ma cible ? Je vous mets au défi de vous poser une question encore plus pertinente. *Et si je peux ?*

Pistes de conversation Genie™ pour la Confiance

Allez sur www.talk2genie.com et tapez l'une de ces amorces de conversation :

- Aidez-moi à renforcer ma confiance en moi
- Créons un plan de renforcement de la confiance en soi
- Je veux surmonter ma peur de l'échec
- Créer une routine d'affirmation quotidienne
- Développez mes compétences en matière d'affirmation de soi
- Améliorons ma confiance en moi pour parler en public
- Je veux un langage corporel confiant

Conseils pratiques pour renforcer votre jeu par la Confiance.

Soyez réaliste, restez simple, vous êtes une rock star ☺

Ces exercices visent à renforcer la confiance en soi et dans les autres. Ils améliorent les rapports interpersonnels en favorisant l'écoute active, en développant l'empathie, en encourageant la confiance et en développant l'assurance. Ils vous aideront à relever les défis qui se présentent à vous avec plus de confiance et de résilience.

Feedback constructif :

Fournissez du feedback constructif et des encouragements positifs à des collègues, des amis ou des membres de la famille. Lorsqu'une personne accomplit une tâche ou relève un défi, donnez-lui un feedback spécifique et constructif sur ses performances. Soulignez ses points forts et ses progrès, et proposez-lui des améliorations avec bienveillance. Donner des retours constructifs et des encouragements aide les autres à renforcer leur estime de soi et leur confiance en eux. Cela montre que vous croyez en leur capacité d'évolution. Vous pouvez également utiliser ce même exercice de feedback avec vous-même.

Agissez en tant que mentor ou coach :
Jouez le rôle du mentor ou du coach auprès de quelqu'un qui pourrait bénéficier de vos conseils et de votre soutien. Identifiez une personne, dans votre vie professionnelle ou personnelle, qui pourrait bénéficier de votre expertise ou de votre expérience. Soyez présents en les accompagnant, en les conseillant et en les encourageant dans la poursuite de leurs objectifs. Agir en tant que mentor ou coach peut considérablement renforcer la confiance d'une autre personne en lui donnant des aperçus précieux, en lui offrant des ressources et en lui permettant de bénéficier d'un réseau de soutien.

Visualisation et affirmations positives :
Passez quelques minutes par jour à vous visualiser en train d'affronter avec confiance des situations difficiles dans un monde en constante évolution. Imaginez-vous en train d'atteindre vos objectifs malgré certaines incertitudes. Ajoutez à cela des affirmations positives telles que « je suis capable », « je peux m'adapter » et « je peux faire face au changement ». Cet exercice vous aide à recréer un mental vous permettant d'être plus sûr de vous et mieux préparé à faire face à des scénarios imprévisibles.

CHAPITRE NEUF

Enthousiasme

L'autre jour, en quittant l'école, ma fille a fait un grand sourire à l'agent de sécurité français en lui disant au revoir. Il lui a répondu : « Goodbye, Little Miss Sunshine ». Ce surnom en anglais lui va à merveille, car elle est naturellement enthousiaste.

Un jour, dans un grand magasin juste avant le Nouvel An, elle a craqué pour une robe multicolore à paillettes. Je pouvais voir les mécanismes tourner dans sa tête : *Wow, cette robe existe réellement. Quelqu'un l'a vraiment créée. Attends un instant. Elle se trouve dans un magasin, ce qui signifie que, techniquement, ma mère pourrait me l'acheter.* En effet, la robe a voyagé avec nous de Paris à Miami, et elle l'a portée pour le Nouvel An.

Ma Little Miss Sunshine s'engage dans le monde sous un angle d'émerveillement permanent. Je me demande souvent comment, en tant qu'adulte, je pourrais susciter un tel émerveillement, et je m'efforce d'aider mes clients à en faire autant. Je veux qu'ils comprennent qu'ils puissent trouver leur propre version de cette robe à paillettes.

Le pouvoir de l'enthousiasme

Dans notre monde compliqué et souvent épuisant, l'enthousiasme est comme une boîte à secrets remplie de soleil, une lumière intérieure pleine d'énergie, le feu de la joie, une bouteille de champagne pétillante qui se partage avec espoir et confiance.

L'enthousiasme est une force d'accélération très contagieuse qui, comme la confiance, permet de garder le vent en poupe face aux obstacles, aux contretemps et à la complexité du monde. Sans enthousiasme d'envergure envers votre mission, vous n'aurez pas l'énergie pétillante, ardente et heureuse dont vous avez besoin pour réellement danser.

En tant que dirigeant, officiel ou pas, votre enthousiasme a un grand pouvoir. Il insuffle à votre équipe la vivacité dont elle a besoin pour aller de l'avant. Votre enthousiasme a la capacité de dynamiser une situation. Lorsqu'il brille de mille feux, il fait rayonner les autres. Comme un papillon de nuit attiré par une flamme, l'enthousiasme attire et incite les autres à contribuer.

À l'inverse, un désengagement univoque rebute. Votre équipe n'a pas besoin d'une source de stress supplémentaire. Avec nos listes de tâches impossibles et les exigences fluctuantes actuelles, votre équipe a plus que jamais besoin d'enthousiasme.

L'enthousiasme se transmet

Samuel Taylor Coleridge a dit : « Rien de grand n'a jamais été accompli sans enthousiasme ». L'enthousiasme est comme le carburant d'une fusée qui permet d'accomplir des choses. Il vous aide à surmonter le stress et vous permet de bouger et de danser sans vous soucier du public.

Tous les facteurs d'accélération créent de l'énergie et de l'élan. Imaginez que quelqu'un vienne remplir de cailloux la nacelle de votre montgolfière. L'enthousiasme représente le feu qui vous fera décoller malgré tout. Et le plus beau, c'est qu'il s'auto-perpétue. L'enthousiasme engendre l'enthousiasme. Avec juste peu d'oxygène, le feu de l'enthousiasme continuera à brûler.

L'enthousiasme vient de l'intérieur. La positivité est l'étincelle qui allume le feu. Ensuite, en exploitant cette énergie récurrente, nous pouvons contribuer à enflammer les autres. Car lorsque nous suscitons l'enthousiasme chez quelqu'un d'autre, c'est comme si deux soleils s'alignaient pour envoyer de la lumière dans les deux sens. L'enthousiasme se manifeste différemment d'une personne à l'autre, mais c'est en puisant à la source de votre passion que vous pourrez allumer votre feu. Exploiter l'enthousiasme, c'est comme trouver la clé secrète de la boîte magique qui est en vous pour en partager le contenu avec vous-même et le monde.

En tant que dirigeant et chef d'entreprise, je m'efforce de toujours partager ce soleil avec mes clients et mon équipe. Ils savent que je mettrai à leur disposition l'énergie nécessaire pour travailler sur leurs projets avec professionnalisme, de manière analytique et pragmatique. L'enthousiasme me sauve de l'épuisement et me permet d'être à la hauteur de la tâche.

L'enthousiasme m'aide également à rester en phase avec l'univers. Lorsque je me sens agacée, stressée, frustrée ou fatiguée - ce qui nous arrive à tous de temps en temps - l'énergie contenue dans l'enthousiasme annule toute la négativité, me plonge dans le moment présent, m'aide à me connecter aux autres et me permet de m'amuser vraiment.

Ce plaisir se manifeste lors des réunions avec les clients, lorsque nous nous penchons sur leurs besoins en matière de formations et de développement, sur la méthode à adopter pour stimuler leurs ventes ou sur les moyens à mettre en œuvre pour renforcer leur management. J'aime beaucoup rechercher des solutions réalistes. À ce moment-là, l'enthousiasme nous permet de danser en parfaite synchronisation, comme si les problèmes étaient une chorégraphie révélant les voies vers toutes les différentes solutions. Le monde semble ouvert et fluide à mesure que j'avance.

Vous rencontrerez constamment des personnes qui se plaignent, et souvent, c'est un peu légitime. La vie ne nous offre pas toujours une boîte de chocolats. Cependant, au lieu d'alimenter cette négativité, une écoute sincère est possible, de même qu'une touche d'optimisme dans la conversation. Vous serez étonné du changement d'attitude qui se produira chez celui qui se plaignait. L'enthousiasme est réellement contagieux.

Les épreuves et les difficultés rencontrées chaque jour sont réelles. C'est donc un énorme cadeau significatif que de partager l'énergie positive, l'optimisme et la connexion avec les autres. L'enthousiasme a un impact positif sur la vie des personnes qui nous entourent.

L'enthousiasme stimule notre capacité à surmonter les difficultés. Vous ne pourrez pas résoudre tous les problèmes du monde avec votre éclat de soleil, mais votre énergie et votre intention peuvent faire la différence. Ne sous-estimez jamais l'influence qu'un sourire ou un rire peut avoir sur quelqu'un qui n'a pas ri de la journée. En naviguant dans le champ d'astéroïdes du quotidien, vous pouvez diffuser une énergie qui incitera les autres à avancer vers le succès plutôt que vers la détresse.

Les musiciens vous diront qu'ils jouent souvent mieux lorsqu'ils sont en compagnie d'un artiste de haut niveau. Les danseurs se donnent davantage lorsque leur partenaire est à 100%. L'effet papillon de l'enthousiasme signifie que chaque personne que vous touchez se sentira inspirée et partagera ce qu'elle a appris avec quelqu'un d'autre, et son enthousiasme inspirera la personne suivante. Votre enthousiasme peut non seulement vous permettre de réaliser de grandes choses pour vous-même, mais aussi alimenter la réussite des autres.

L'enthousiasme d'équipe

Steve Jobs a dit : « Les grandes choses dans le monde des affaires ne sont jamais faites par une seule personne, elles sont réalisées par une équipe ». Construire une entreprise prospère, mener à bien la conduite d'un changement ou s'attaquer aux problèmes majeurs auxquels l'humanité est confrontée, tels que la faim et la violence exigent que toute une communauté de personnes travaille de concert. Pour que cette communauté ait suffisamment d' engagement, de direction et de rapidité, nous avons besoin que l'enthousiasme s'allume et s'enflamme.

L'AQai a partagé une étude sur l'état d'esprit positif. Des capteurs cérébraux ont révélé que les personnes ayant un mental positif utilisaient toutes les régions de leur cerveau lorsqu'elles travaillent sur un problème, alors que les personnes ayant un mental négatif activent relativement peu de régions. Cette donnée renforce la nécessité de recourir à des méthodes telles que la thérapie par le rire, qui consiste à modifier la chimie du cerveau en riant et en souriant.

Susciter l'enthousiasme en équipe signifie partager son optimisme et son enthousiasme. Comme toute disposition mentale, elle commence par le choix conscient de la positivité, même lorsque le cœur n'y est pas. Votre choix encouragera vos clients et vos équipes à se sentir enthousiastes, ce qui se traduira par de meilleurs résultats.

Je ne dis pas que les sourires et le contact visuel aboutissent systématiquement à des affaires conclues, mais le fait de s'engager consciemment avec enthousiasme améliore certainement l'énergie entourant un projet. Observez ce qui se passe lorsque vous apportez sincèrement de la positivité et de l'enthousiasme à une conversation. Lorsque vous vous souvenez qu'il faut ouvrir la boîte et partager ce qu'elle contient, vous serez étonné de la réaction que vous susciterez.

Cultiver l'enthousiasme

John Maxwell a dit : « Soyez la personne la plus enthousiaste que vous connaissez ». Même si vous avez tendance à être peu enthousiaste, il est toujours possibilité de cultiver cette compétence. L'enthousiasme est une pratique qui consiste à exprimer l'engouement et l'espoir. Les personnes naturellement introverties devront peut-être apprendre à faire preuve de plus d'enthousiasme. Non pas qu'elles ne soient pas enthousiastes de base, mais leur personnalité atténue leur enthousiasme. Il est possible de partager son énergie en travaillant son langage corporel et par l'emploi de phrases simples. Vous n'êtes pas obligée d'être la caricature d'une pom-pom girl bondissante si cela ne correspond pas à votre personnalité, mais en exprimant ce que vous pensez, vous apporterez de l'énergie au projet.

En revanche, si vous êtes naturellement extraverti, vous devrez veiller à ce que votre énergie exubérante ne prenne pas le dessus sur votre capacité à établir des connexions authentiques avec les autres et à les écouter. Aucun profil n'a le monopole de l'enthousiasme.

Avec un effort conscient, cette compétence non technique peut être renforcée. J'ai passé les vingt-cinq dernières années à aider les gens à développer des qualités telles que l'enthousiasme, et je peux vous dire que le fait de puiser dans les raisons qui justifient le travail et de les mettre en pratique dans des situations concrètes les rendra très accessibles et réalisables.

Commencez chaque réunion par une phrase positive. Un simple compliment peut faire la différence dans votre attitude et auprès de l'autre. Soyez fidèle à votre nature. Vous découvrirez que lorsque vous contrôlez votre propre passion, la force de l'enthousiasme se trouve à votre portée. Vous n'aurez pas besoin d'une greffe de la personnalité. Commencez par évaluer ce que vous gagneriez si vous étiez plus enthousiaste, puis travaillez cette compétence. Votre authenticité rayonnera. Au début, cela peut sembler artificiel, peu naturel ou superficiel, mais persévérez. Les habitudes, les comportements et les nouvelles dispositions mentales se construisent au fil du temps. À partir du moment où vous vous concentrez sur les aspects positifs, vous entraînez votre cerveau à l'enthousiasme.

L'habitude de l'enthousiasme ne gommera pas votre naturel et ne modifiera pas votre ADN. Vous ne deviendrez pas extraverti en cinq jours. Aucun besoin de l'être, d'ailleurs. Mais plus vous en ferez usage, plus vous vous sentirez à l'aise.

La différence que l'enthousiasme produit

L'enthousiasme m'a aidé à bien des égards. Je l'utilise pour mobiliser mes coachs lorsqu'un projet s'avère plus difficile que prévu ou que le client modifie ses attentes. Dans ces cas, un projet d'une journée en prendra cinq. Un client peut décider de réorganiser complètement un calendrier de trois mois. De tels changements sont extrêmement fréquents dans un environnement composé d'un large éventail de projets, de technologies évolutives et de stratégies en cours d'élaboration. Sans enthousiasme, je peux penser à de nombreuses occasions où les gens auraient pu laisser tomber ou ne pas aller jusqu'au bout.

Mon équipe a une énergie particulière que la plupart des gens remarquent dès notre première rencontre. Nous avons une multitude de concurrents hautement qualifiés et compétents qui accomplissent leur travail avec excellence. Mais c'est notre enthousiasme qui nous distingue. Les clients nous disent qu'ils ressentent notre énergie et qu'ils veulent travailler avec nous parce qu'ils croient en notre engagement à l'égard de leur projet.

Lorsqu'un programme ne fonctionne pas bien, ce n'est souvent pas à cause de la structure ou du contenu, mais parce qu'il manque l'ingrédient de l'enthousiasme. Il est donc essentiel que les dirigeants soient des vecteurs d'énergie conscients.

En aidant une entreprise à conduire le changement, on commence par demander aux gens de prendre des risques et d'être vulnérables, afin qu'ils puissent acquérir des compétences qui ne leur sont pas habituelles. Il se peut que leurs responsables les aient fait venir et qu'ils n'aient pas confiance en leur direction ou dans les avantages du programme de conduite du changement.

Et si l'enthousiasme ne suffit pas à assurer le succès d'un programme, celui-ci ne peut pas non plus se passer de cet enthousiasme. Nous travaillons sur ce concept avec de nombreux coachs expérimentés. Il arrive parfois que l'on se concentre tellement sur le contenu que leur éclat faiblit ou que de l'énergie négative dépose un voile qui gêne l'éclat. Vous n'avez pas besoin de sortir des tambours, mais en maintenant simplement un bon niveau d'enthousiasme, vous constaterez que les autres vous font confiance et qu'ils sont plus enclins à participer.

Tous les membres de notre équipe font preuve d'un enthousiasme sincère, profond et authentique. Certains ont une personnalité très pétillante, d'autres la manifestent de manière plus discrète. Mais même la personne la plus sincère, la plus authentique, la plus expérimentée, la plus exubérante peut manquer d'enthousiasme ou ne pas réussir à le diffuser. Ouvrir cette boîte est une compétence consciente et volontaire que vous pouvez développer même en cas de stress, de résistance, d'adversité et de distraction.

Il est probable que la ballerine n'ait pas envie de déployer toute son énergie à chaque représentation. Pourtant, le spectacle doit perdurer. Ces forces contraires nous concernent tous. Heureusement, notre niveau d'enthousiasme est un engagement plutôt qu'un sentiment, et nous pouvons donc toujours choisir de faire preuve d'enthousiasme.

Pistes de conversation Genie™ pour l'Enthousiasme

Allez sur Talk2genie.com et tapez l'une de ces amorces de conversation :
- Aidez-moi à trouver ma passion
- Créons une routine quotidienne d'enthousiasme
- Je veux rester motivé sur des projets à long terme
- Créer une liste de personnes qui m'inspirent
- Créer un réseau de personnes enthousiastes
- Améliorons ma capacité à inspirer les autres
- Je veux cultiver un état d'esprit positif

Conseils pratiques pour renforcer l'Enthousiasme.

Soyez réaliste, restez simple, vous êtes une rock star ☺

Ces exercices sont conçus pour stimuler l'enthousiasme, une aptitude essentielle pour progresser dans un monde chaotique. L'enthousiasme peut stimuler la motivation, la créativité et la résilience, ce qui permet de relever plus facilement les défis et atteindre les objectifs fixés. En appliquant ces exercices, vous pouvez cultiver et entretenir l'enthousiasme, afin d'aborder les défis avec énergie, créativité et résilience.

Projet Passion :
Consacrez du temps à un projet personnel ou à un loisir qui vous passionne. Qu'il s'agisse de peindre, d'écrire ou d'acquérir de nouvelles compétences, le fait de s'engager dans une activité qui passionne peut raviver l'enthousiasme et inspirer la créativité et cela se répercutera sur d'autres aspects de votre vie.

Entrez en relation avec des personnes inspirantes :
Recherchez des personnes qui vous inspirent et entrez en contact avec elles. Assistez à des événements, des séminaires ou des webinaires réunissant des intervenants qui ont connu une réussite remarquable ou qui ont surmonté des défis importants. Le fait de s'intéresser à leurs histoires et à leurs réflexions peut raviver votre enthousiasme et vous apporter une motivation et des conseils précieux.

Auto-observation et discours positif :
Prenez l'habitude de vous observer et renforcez votre dialogue intérieur par un discours positif. Prenez le temps de réfléchir à votre façon de penser et à vos émotions, en faisant un effort conscient pour remplacer le doute et la négativité par des affirmations encourageantes et optimistes. Ces pratiques vous permettent de conserver enthousiasme et résilience, vous assurant ainsi de prospérer dans ce monde dynamique et en constante évolution.

CHAPITRE DIX

Flexibilité mentale

L a flexibilité des danseurs est étonnante. Ils sont capables de faire le grand écart et de poser un orteil à l'arrière de leur tête tout en se tenant debout sur l'autre jambe. À chaque saut et à chaque impulsion, ces athlètes artistiques adoptent des postures qui font frémir bon nombre d'entre nous. Les mouvements des bras, les torsions du buste et les flexions arrière exigent une grande malléabilité.

Face à la beauté de ces spectacles, on ne pense guère aux étirements, à l'exercice et à la pratique constante exigés à ces artistes pour qu'ils puissent acquérir la maîtrise de la routine, et pour qu'ils soient en mesure de bouger et de se mouvoir comme ils le font. La souplesse est une compétence que les danseurs développent, et il en va de même pour la flexibilité mentale.

Quand le dessert au chocolat devient une aventure

La France avait des mesures de confinement liées au COVID parmi les plus strictes du monde occidental. Mes enfants et moi avons passé au moins quatre-vingt-dix jours terrés dans notre appartement parisien, sans même un balcon pour prendre un peu l'air. Mon fils venait d'avoir six ans et ma fille n'en avait pas tout à fait deux.

L'interdiction des réunions en personne a anéanti mon activité. Alors, avec ma fille sur les genoux, j'ai entrepris la démarche de la réinventer. Pendant toutes les siestes de ma fille et les heures qui suivaient son coucher, je passais mon temps devant mon ordinateur, car c'était le seul moment où j'avais les deux mains libres.

Un projet est venu combler nos pertes financières et a donné à mon équipe l'occasion d'apprendre à gérer des formations virtuellement. Nous formerons plus de 1 500 cadres au management à distance et à la gestion des émotions fortes sous forme d'ateliers virtuels actifs. Compte tenu des enjeux financiers et de l'énorme changement culturel que nous allions orchestrer, le projet était extrêmement stressant.

Un jour, afin de mener à bien une réunion téléphonique, j'ai assis ma fille dans sa chaise haute avec un petit pot de délicieuse crème au chocolat. Elle a mangé un peu, mais à un moment donné, la texture lisse et froide a dû l'intriguer, car elle a commencé à se l'essuyer sur le visage. La texture ressemblait peut-être à une crème hydratante fraîche.

Alors que je regardais la scène, je voulais vraiment lui faire comprendre que ce comportement désordonné n'était pas acceptable. Mais la texture grasse et fraîche la maintenait tranquille pendant que je terminais l'appel. J'ai rapidement décidé que cet écart n'avait pas d'importance.

J'ai poursuivi ma conversation intensive avec le client en tâchant de résoudre les problèmes liés au projet. Pendant toute la durée de l'appel, je me suis promenée dans mon salon et ma salle à manger en regardant ma fille peindre son visage, puis masser la crème au chocolat dans ses cheveux comme du shampoing.

Il s'est avéré que ma fille s'est peinturlurée avec ce dessert plus d'une fois pendant cette période - jusqu'à une fois par semaine en réalité - parce que c'était l'une des seules choses qu'elle pouvait manger toute seule. En lui accordant cette liberté, elle est restée tranquille et j'ai pu prendre les décisions difficiles qui s'imposaient pour sauver mon entreprise.

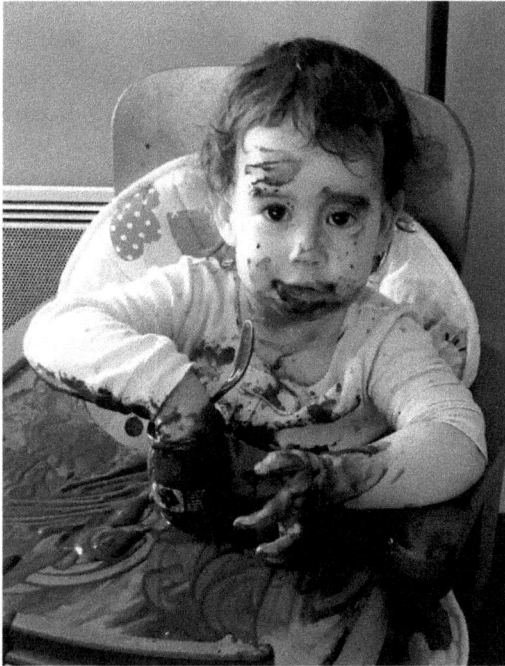

Elle a pris plaisir à se peindre pendant que je travaillais en gardant un œil sur elle. Ensuite, je lui donnais un bain et ce n'était pas plus grave que ça. (Par ailleurs, cette expérience a poussé mon fils à ne plus consommer de produits laitiers.

Aujourd'hui encore, il ne mange que de la glace. Il ne touche même pas un pot de yaourt pour le mettre au réfrigérateur).

Ma fille m'a enseigné un nouvel aspect de la flexibilité mentale par rapport aux règles de la maison et à mes attentes envers elle, alors que je travaillais et intensifiais la reconstruction de mon entreprise.

Les confinements m'ont offert des occasions exceptionnelles pour appréhender mes activités quotidiennes d'une manière totalement différente. Tout le monde devait être rapidement à l'aise pour jongler avec de nouveaux défis et de nouvelles restrictions, tout en faisant le tri entre des demandes et des informations contradictoires. Ensemble, avec l'aide du dessert au chocolat, ma famille a traversé cette période surréaliste qui a constitué un cours magistral de flexibilité mentale.

Qu'est-ce que la flexibilité mentale ?

La flexibilité mentale se définit comme la capacité à croire que plus d'une chose peut être vraie en même temps. Cela implique également la faculté de changer rapidement de point de vue, en dépit d'une croyance de longue date ou simplement pour emprunter une autre voie.

La flexibilité mentale consiste à être à l'aise avec l'affirmation suivante : « Mes convictions profondes sont extrêmement importantes pour moi et je me battrai pour les défendre » et « je suis ouvert à la remise en question de ma façon de penser, même lorsqu'elle est en relation avec mes convictions profondes ».

Nous sommes confrontés à de nombreuses contradictions et à un flux constant de demandes, de perspectives et d'informations qui semblent contradictoires. Pour réussir dans le monde d'aujourd'hui, il faut savoir qui vous êtes et ce que vous représentez. De plus, vous devez vous accepter vous-même et avoir des convictions fortes et claires. En revanche, si vous n'êtes pas ouvert à la remise en question ou au moins disposé à prendre en considération un point de vue opposé, vous resterez coincé. La flexibilité mentale apporte l'agilité nécessaire pour naviguer dans ce monde.

La flexibilité mentale permet de passer d'une tâche ou d'une préoccupation à une autre de manière rapide et fluide, sans épuiser son énergie. Imaginez un DJ créant un mix à l'aide de commandes pour réaliser un fondu enchaîné entre deux pistes différentes : il augmente le volume d'une piste tout en baissant simultanément celui de la seconde. Parfois, il faut faire de même - avec fluidité, comme le fait un DJ, en ajustant nos pensées ou en changeant nos actions.

Il arrive qu'en l'espace de cinq minutes, vous jetiez un coup d'œil à votre téléphone alors que vous êtes en réunion, et que vous voyez arriver un e-mail urgent. Entretemps, vous essayez de faire le tri entre les différents avis des personnes présentes dans la salle (dont beaucoup ne sont pas d'accord avec vous) et vous réfléchissez à la manière de répondre à cet e-mail urgent. Au même moment, vous vous rappelez que vous deviez faire le point avec la baby-sitter, et un membre de l'équipe vous glisse un mot pour vous dire que votre Dropbox a été piratée et qu'un client veut une proposition pour le lendemain matin. La flexibilité mentale consiste à utiliser vos commandes, comme un DJ, en déterminant ce qu'il faut intégrer ou supprimer en fondu, et quel morceau sera le suivant.

Cultiver la flexibilité mentale

La flexibilité mentale est intrinsèquement liée à la faculté d'adaptation. Elle permet de gérer le rythme des changements ainsi que les paradoxes et les contradictions de la vie. D'une part, la courbe de l'évolution technologique se maintient de manière exponentielle. D'autre part, nous sommes des êtres humains vivant dans des corps biologiques, naviguant dans l'infrastructure linéaire construite par l'homme et dans des systèmes politiques, scolaires, professionnels et familiaux. Le commutateur entre ces systèmes rend la flexibilité mentale essentielle.

La flexibilité mentale a toujours eu des avantages, mais ils sont encore plus importants aujourd'hui. Si vous parvenez à faire preuve de flexibilité mentale lorsque vous recevez de mauvaises nouvelles ou des commentaires négatifs, vous pourrez rebondir rapidement. Vous n'aurez pas besoin de beaucoup de flexibilité lorsque tout va bien. Quand la vie s'accélère et semble prendre une direction négative, nous pouvons cultiver la flexibilité mentale en considérant les difficultés comme des occasions pour nous entraîner, pour nous étirer et pour nous développer.

Dans mon cas, l'adversité m'a incité à réinventer, reconstruire et revoir mes processus d'entreprise et nos modes de pensée. Parce que je me suis reposée sur ma flexibilité mentale, la lutte m'a permis de grandir.

J'ai reçu ma première leçon pratique de flexibilité mentale lorsque j'avais 16 ans dans le cadre d'un échange universitaire d'un an en France. Les Français et les Américains ont certes des points communs, mais la culture, la langue et l'histoire sont autant de différences prononcées et fondamentales.

Je me suis sentie de plus en plus frustrée par le manque de compréhension entre les deux cultures. Chaque camp était convaincu que sa façon de penser ou de faire était la meilleure, la bonne ou la vraie, alors que dans la plupart des cas, la meilleure solution n'était qu'une question de perspective et de préférence.

Dès ce jeune âge, j'ai appris que deux systèmes différents pouvaient être tout aussi vrais l'un que l'autre. Les Parisiens montent et descendent du métro d'une manière bien différente des New-Yorkais. Les enfants entrent dans l'âge adulte différemment selon ces cultures. Là encore, une façon de faire n'est pas nécessairement meilleure qu'une autre. Nous sommes tous habitués au mode de vie de notre enfance. Les personnes élevées dans un environnement multiculturel peuvent naturellement faire preuve d'une plus grande flexibilité mentale. Pour cultiver la flexibilité mentale en vous, il vous suffit de prendre conscience de la valeur des différents systèmes et d'apprendre à les intégrer - ils ne sont ni meilleurs ni pires, mais simplement différents.

La tendance à juger ce qui n'est pas familier représente l'un des plus grands obstacles à la flexibilité mentale. Les Américains en France jugent parfois les moindres coutumes, comme par exemple le fait que les serveurs n'apportent pas automatiquement l'addition. Les français, quant à eux, peuvent trouver impoli ou précipité le fait que les serveurs apportent l'addition avant qu'ils ne l'aient demandée. Ces deux approches sont tout aussi valables l'une que l'autre, mais elles mettent l'accent sur des priorités différentes, telles que l'efficacité par rapport aux loisirs. Les Français accordent de l'importance aux repas et à la convivialité, et ils estiment qu'un restaurant doit vous accueillir et non vous presser de partir. Les Américains ont tendance à se focaliser sur la productivité et le pragmatisme.

Ces systèmes se retrouvent également au sein des entreprises. Les filtres mentaux d'un dirigeant de haut niveau, d'un cadre intermédiaire et d'un chef de projet mettent en évidence leurs différents repères. Plus nous comprendrons tôt la réalité et l'importance du système référentiel de chacun, plus il sera facile de rester souple mentalement, car, entre autres, cela vous évitera de vous enfermer dans le jugement. Voir les choses à travers le prisme d'un autre point de vue devrait piquer notre intérêt, et nous pourrions nous trouver amusés ou fascinés par cette divergence. La flexibilité mentale nous permet d'apprendre de la diversité, voire même de l'adopter. Quoi qu'il en soit, l'ouverture aux différences permet de s'imposer plus rapidement dans le monde d'aujourd'hui.

Dans le monde des affaires, cela implique de se familiariser avec la culture propre à chaque entreprise concernée. Si vous êtes conscient de votre propre système de référence et que vous comprenez l'importance et la validité d'un nouveau système, vous vous adapterez rapidement. Vous n'êtes pas obligé d'apprécier toutes ces différences. Votre propre manière de voir peut influencer une entreprise qui sait faire preuve d'une grande flexibilité mentale. Néanmoins, pour réussir, il faut être conscient de la culture environnante et s'y adapter.

Par exemple, à un moment donné, j'ai remarqué que l'une de mes coachs et un client discuter ensemble mais sans trop s'entendre. À plusieurs reprises, même si la coach était très engagée dans la conversation, à chaque fois que le client demandait quelle était la valeur opérationnelle d'une formation particulière, la coach détournait le sujet vers l'intelligence émotionnelle. J'ai pris la coach à part et lui ai fait remarquer qu'il fallait écouter et comprendre le client ; or, la coach était convaincue qu'elle comprenait parfaitement le client. Il lui a fallu un peu de temps pour comprendre qu'elle était dans un schéma de QE alors que le système de référence du client était la gestion opérationnelle. Une fois qu'elle s'est connectée à eux au sein de leur système référentiel, elle a pu les inviter à entrer dans le nôtre et leur proposer des formations qui les concernaient.

Lorsque plusieurs systèmes référentiels coexistent dans le même espace, c'est comme le casse-tête universel des dessins qui, pour certains, ressemblent à une vieille femme et, pour d'autres, à une jeune fille. En réalité, les deux représentations existent simultanément et nous pouvons apprendre à notre cerveau à passer de l'une à l'autre. La réalité se présente toujours sous forme de couches multiples. L'interprétation est subjective. Si vous parvenez à garder votre filtre mental le plus ouvert possible, votre flexibilité mentale se développera et vous serez en mesure de comprendre ce dont les gens parlent et pourquoi ils ressentent ce qu'ils ressentent.

En l'absence de flexibilité mentale

Le manque de flexibilité mentale entraîne de la fatigue ou de la mauvaise humeur. Nous pouvons ressentir de la frustration par rapport à la situation du monde et à la place que nous y occupons. Le fait est que nous avons souvent besoin d'aborder certaines problématiques différemment de notre approche habituelle. Nous devons tenir compte des points de vue des autres et intégrer leurs processus afin qu'ils se confrontent avec nos convictions profondes. La vie est pleine de dualités et de contradictions. Quand la flexibilité mentale n'est pas confortable et la rigidité s'installe, le recours au jugement et à la « façon dont les choses devraient être » devient un frein, et nous gaspillerons aussi une énorme quantité d'énergie.

La rigidité fait également perdre des occasions. Nous nous fermons aux possibilités au lieu de les saisir et nous passons à côté de nouvelles rencontres, de nouvelles idées, de nouveaux contrats, de nouveaux projets et de nouvelles perspectives de revenus. Des employeurs sont passés à côté des meilleurs candidats parce qu'un tatouage ou un piercing avait influencé leur opinion avant l'entretien. Enfants et adultes ont renoncé aux desserts les plus délicieux après avoir entendu des mots tels que « soja », « sans gluten » ou « sans sucre ».

Le manque de flexibilité mentale entraîne également des problèmes de communication. Lorsque quelqu'un entend ou lit un message à sens unique sans avoir la flexibilité mentale de considérer d'autres interprétations possibles, la communication est rompue et les rapports se dégradent. Il est évident que les entreprises préfèrent travailler avec des personnes souples mentalement, si bien que celles qui résistent ont tendance à se voir proposer moins d'offres et d'opportunités.

Une dose d'improvisation en plus

L'improvisation théâtrale repose sur la capacité d'un acteur à agir dans l'instant, sous pression, sous le regard d'autres personnes. J'ai étudié le théâtre et la communication de manière assez intensive depuis le lycée et jusqu'à la vingtaine, ce qui m'a obligé à développer et à renforcer ce muscle de l'improvisation au quotidien.

La règle fondamentale de l'improvisation est « Oui, et... ».
Rappelez-vous qu'il est impossible de calmer un enfant en lui
disant d'arrêter de pleurer. En revanche, si vous faites appel à
sa curiosité, à ses capacités d'expérimentation et à son sens de
l'improvisation, le résultat peut vous surprendre.

« Comment penses-tu que tes chaussures se sentiront sur
tes pieds aujourd'hui ? Peux-tu enfiler tes chaussures plus
vite que moi ? ». Il suffit de quelques questions pour que
l'enfant passe rapidement d'une vague d'émotions négatives
à un esprit positif et curieux. Ce même sens de l'improvisation peut être productif dans notre vie d'adulte, dans notre
vie professionnelle. Chaque conversation avec un client
nous donne l'occasion de pratiquer l'improvisation. C'est en
écoutant et en s'appuyant sur ce qu'ils disent que l'on se con-
necte le mieux.

Travailler en tant que formatrice et coach m'a obligée à
réfléchir de manière autonome et à mettre à profit ma formation théâtrale. Lorsque vous vous entraînez, les autres vous
observent et vous jugent. Les entreprises font appel à des formateurs pour aider leur personnel à développer des soft skills
sur des sujets sensibles. Mes coachs doivent s'adapter en une
microseconde à l'ensemble du groupe. Ils doivent se lancer et
retomber sur leurs pieds pour réussir. À la manière d'acteurs
sur scène, ils perçoivent le public afin de pouvoir communiquer avec ceux qui résistent au processus de changement
des comportements ou des mentalités, mais aussi avec ceux
qui en perçoivent les avantages et qui souhaitent avancer le
plus rapidement possible. Comment gérer simultanément
ces deux temporalités au sein d'un même groupe ?

Lorsque je recrute de nouveaux coachs, je recherche en
particulier des professionnels qui, en plus de leurs compétences
humaines et de leur capacité à diriger, ont une personnalité
affirmée et confiante, une capacité à penser de façon autonome, à s'adapter instantanément et à gérer des personnes

hostiles avec une aisance totale. Tous mes coachs font preuve d'une grande flexibilité mentale. Leur capacité à faire preuve de flexibilité mentale constitue une part importante de ce qui rend nos programmes si efficaces et dynamiques.

Avant de créer mon entreprise, j'ai co-animé un séminaire avec plusieurs autres formateurs. Nous étions censés organiser une formation d'une journée avec des groupes de dix dirigeants chacun, mais lorsque nous sommes arrivés, le client avait déjà une interprétation bien à lui. A mon arrivée, le responsable de la communication m'a remis un agenda qui nécessitait deux fois plus de formateurs que prévu. Elle n'a pas dissimulé son impression que nous n'étions pas préparés. Nous étions en pleine campagne, dans un château français qui accueillait de nombreuses formations, et nous n'avions aucun moyen de faire venir des ressources supplémentaires.

J'ai rapidement pris la liste des participants et j'ai dit que je m'en occuperais. J'ai réorganisé sa liste et j'ai proposé un moyen d'atteindre les objectifs et de dispenser une formation utile. Si mon équipe n'avait pas fait preuve de flexibilité, nous aurions perdu cette affaire et cela aurait engendré une grande déception. La flexibilité mentale a permis à chacun d'aller de l'avant.

Renforcer la flexibilité mentale

Nous utilisons plusieurs méthodes pour accroître la flexibilité mentale dans nos programmes de formation. Chacun d'entre eux intègre des éléments d'improvisation parce qu'ils soutiennent tout un champ de soft skills. En général, la plupart ont peur quand on leur dit qu'ils vont passer une heure et demie à improviser. Ils pensent qu'il s'agit d'une activité réservée aux acteurs expérimentés et ils ne veulent pas se ridiculiser. Heureusement, nous avons des formateurs qualifiés qui savent mettre tout le monde à l'aise. Dans presque tous les cas, les participants s'étonnent eux-mêmes de leurs compétences. J'aime voir les gens se surpasser et aller au-delà de leurs capacités supposées.

L'improvisation implique la communication, la prise de risques et la vulnérabilité. Elle permet d'améliorer sensiblement sa flexibilité mentale en très peu de temps. Une heure seulement peut faire une énorme différence.

Deux exercices brefs que vous pouvez faire à la maison ou au bureau sont « dire oui » et « demander pourquoi ».

Dans « dire oui », vous vous entraînez simplement à dire oui à la moindre problématique.

- Oui, ils m'apporteront l'addition plus tard - et pourquoi l'ont-ils fait ?

- Oui, ils m'ont apporté l'addition sans que je la demande - pourquoi l'ont-ils fait ?

- Oui, mon employé est vraiment focalisé sur ses vacances - et pourquoi est-ce important pour lui ?

- Oui, mon collègue est vraiment contrarié - et pourquoi est-il dans cet état ?

Quelle que soit la situation, essayez de dire oui pour ouvrir votre esprit. Cela permet d'imaginer de nouvelles manières de faire et de se comporter.

La technique du « pourquoi » permet de moduler sa réaction dès lors que l'on aborde une situation sous un angle nouveau. Parfois, il n'est pas possible de dire oui immédiatement, mais le non fermera la porte et fera rater des opportunités. Le « pourquoi » incite à rester ouvert, flexible et à trouver de nouvelles solutions potentielles.

L'exercice des « Cinq Pourquoi » est un outil simple mais efficace. D'abord, identifiez un problème ou une objection.

Ensuite, demandez « pourquoi » cinq fois de suite au moins, en vous attaquant aux différentes couches du problème. Si un employé est contrarié par les commentaires d'un client, par exemple, invitez-le à en donner la raison. Si vous continuez à demander pourquoi les gens pensent et agissent comme ils le font, vous pourrez aller au cœur du problème et réagir en conséquence. Si vous souhaitez vraiment travailler sur ce point, je vous recommande de vous inscrire à un cours d'improvisation. En plus de développer de nouvelles compétences, vous vous amuserez beaucoup !

Quand j'ai créé mon entreprise, j'ai suivi une formation de coaching pour jeunes entrepreneurs. Le coach nous a fait faire un exercice qui m'a toujours marqué, car il est excessivement utile. Il s'agit d'un exercice simple qui sollicite votre main.

Regardez votre main et imaginez que chaque doigt représente l'une des quatre solutions à votre problème. Ensuite, regardez votre pouce. Demandez-vous s'il n'y a pas une cinquième et meilleure solution à laquelle vous n'avez pas encore songé. Si c'est le cas, optez pour le pouce. Cela permet de prendre en compte une proposition encore plus intéressante, même si vous avez déjà envisagé d'autres solutions.

Dans nos programmes de formation, il est fréquent de demander aux participants de réfléchir à un point de vue opposé au leur. Parfois, ils s'aperçoivent qu'ils sont encore plus doués pour présenter une idée opposée à la leur. Cet exercice est excellent pour cultiver la flexibilité mentale et apprendre à se lancer activement dans une discussion. Faites l'exercice avec un sujet qui ne fait pas partie de votre expertise et de votre domaine de connaissances, ou même avec une idée totalement farfelue.

Par exemple, nous avons demandé à des personnes de prendre deux minutes pour expliquer pourquoi tout le monde devrait se doucher qu'une fois par mois, ce qui a donné lieu à des présentations très convaincantes. Consultez ces quelques idées qui vous aideront à développer votre flexibilité mentale.

- Pourquoi tout le monde devrait porter un maillot de bain au bureau en été.
- Pourquoi faut-il libérer les prisonniers tous les week-ends.
- Pourquoi ne pas manger de la pizza tous les soirs pour le dîner.

Les sujets peuvent sembler ridicules, mais ils développent efficacement la flexibilité mentale, la communication et la créativité en nous poussant à sortir de notre système référentiel strict.

Les activités physiques peuvent également favoriser la flexibilité mentale, car elles augmentent l'apport d'oxygène au cerveau. Je préfère marcher lorsque je suis confrontée à une tâche difficile. Si vous devez rester assis, comme lors d'un appel vidéo, utilisez des gestes de la main et des expressions faciales pour vous aider à augmenter le flux d'oxygène et, par conséquent, la flexibilité mentale.

J'ai reçu de nombreux appels stressants au cours des huit ou neuf premières semaines de confinement lié à la COVID, et le fait de bouger m'a aidée. Souvent, je me contente de marcher dans mon appartement tout en parlant au téléphone, de m'étirer pendant cinq minutes (ça fait tellement de bien !) ou de nettoyer les jouets tout en travaillant. Ces activités m'ont aidée à rester souple mentalement, à faire circuler l'oxygène et à garder l'esprit ouvert.

En avant, la flexibilité

L'année 2020 devait être une année exceptionnelle sur le plan financier. Mon entreprise n'avait jamais obtenu autant de contrats de cette envergure. L'aventure promettait d'être passionnante et je me sentais rassurée quant au développement de mon entreprise. Cinq jours dans le courant du mois de mars ont bouleversé le contexte. Les commandes se sont annulées.

Une stagiaire extraordinaire, qui est devenue mon assistante, s'est révélée incroyablement efficace, rigoureuse, et très souple mentalement. Elle et vingt de mes principaux formateurs ont travaillé avec moi pour réinventer l'entreprise en six semaines environ, et nous avons terminé l'année avec une croissance de vingt-deux pour cent.

Netflix® nous fournit un parfait exemple de flexibilité mentale et d'adaptabilité. Lorsque la marque a été lancée en 1998, la location de DVD en ligne et leur livraison par courrier ont connu un très grand succès. Cependant, les produits numériques devenant de plus en plus populaires, la marque s'est orientée vers le streaming et a étendu ses services dans le monde entier. Dès lors, ils n'ont cessé d'évoluer pour répondre aux demandes du public. Alors que Blockbuster et d'autres géants de la location de vidéos se sont effondrés lorsque la technologie a semé le chaos dans leur secteur, Netflix® a prospéré parce que la société a su s'adapter.

La flexibilité mentale s'accompagne d'une créativité qui pourra vous être utile et vous aider à résoudre des difficultés. Des tests en ligne peuvent vous renseigner sur votre degré de flexibilité mentale pour que vous sachiez comment utiliser ce qui deviendra peut-être votre meilleur atout pour avancer plus vite au cœur la cette transformation exponentielle tout en danser à travers le chaos.

Pistes de conversation Genie™ pour la Flexibilité mentale

Rendez-vous sur le site www.talk2genie.com et tapez l'une de ces amorces de conversation :
- Aidez-moi à sortir des sentiers battus
- Créons un plan pour m'adapter au changement
- Je veux améliorer mes compétences en matière de résolution de problèmes
- Créer une routine pour améliorer ma flexibilité mentale
- Créer un état d'esprit me permettant d'adopter de nouvelles perspectives
- Améliorons ma capacité à apprendre de mes erreurs
- Je veux rester adaptable sous pression

Conseils pratiques pour renforcer votre jeu avec la Flexibilité mentale.

Soyez réaliste, restez simple, vous êtes une rock star ☺

Intégrer ces exercices à votre routine favorisera votre flexibilité mentale en augmentant ainsi votre confiance et votre agilité pour accélérer dans ce monde dynamique et imprévisible. Il est essentiel, pour réussir dans le contexte dynamique d'aujourd'hui, de pouvoir développer sa capacité à gérer efficacement des idées contradictoires et des situations complexes. Le développement de la flexibilité mentale vous permettra de penser de manière créative, de prendre des décisions agiles et de progresser vers vos objectifs avec efficacité.

Pratique de la pensée dialectique :
Participez à des exercices de raisonnement dialectique. Il s'agit d'examiner des points de vue opposés ou des idées contradictoires et de rechercher une synthèse ou un compromis.

Lorsque vous êtes confronté à des points de vue contradictoires, prenez le temps d'analyser les deux volets, à la recherche d'un terrain d'entente ou de nouvelles idées. Cette pratique encourage l'adoption d'un état d'esprit à même d'accepter l'ambiguïté et les contradictions, ce qui permet de prendre des décisions plus réfléchies et plus éclairées.

Mettez-vous régulièrement à la place des autres pour comprendre leurs points de vue et leurs expériences. Lorsque vous relevez un défi ou prenez des décisions, réfléchissez à la manière dont les différents acteurs ou membres de l'équipe peuvent percevoir la situation. Cette pratique favorise l'empathie et aide à aborder les problèmes avec un état d'esprit plus ouvert et plus adaptable.

Résolution itérative de problèmes :
Adoptez la résolution itérative des problèmes en divisant les défis complexes en plusieurs étapes réalisables. Évaluez et ajustez continuellement vos stratégies au fur et à mesure que vous recueillez de nouvelles informations et de nouveaux points de vue. Cette approche s'adapte à l'évolution des situations et vous permet d'affiner vos solutions, améliorant ainsi votre flexibilité mentale en matière de résolution de problèmes.

La mentalité « Oui, et... » :
Cultivez une attitude positive et ouverte d'esprit en pratiquant la méthode « Oui, et... ». Lorsqu'on vous présente des idées ou des suggestions, répondez par « Oui, et... » plutôt que par « Non » ou « Mais ». Encouragez la pensée créative et la collaboration en vous appuyant sur les idées des autres. Adoptez cet état d'esprit dans vos interactions personnelles et professionnelles. Le mode de pensée « Oui, et » favorise l'adaptabilité en promouvant un état d'esprit coopératif et innovant, ce qui peut conduire à une meilleure résolution des problèmes et à la production d'idées.

CHAPITRE ONZE

Acceptation

Les enfants viennent au monde sans inhibition ni préjugés. Ils s'acceptent eux-mêmes et apprécient les autres sans se poser de questions. Peu à peu, leurs interlocuteurs adultes leur apprennent à garder leurs vêtements et à adopter un comportement acceptable. Lorsque les jeunes deviennent adolescents, ils commencent à ressentir le besoin de s'intégrer et gravitent autour de groupes auxquels ils s'identifient. Être accepté devient l'une des principales priorités des adolescents et, trop souvent, cela signifie que ces jeunes adultes oublient leur identité au profit de la tribu.

L'acceptation de soi

Plus tôt dans ma vie, j'ai passé beaucoup trop de temps à vouloir être accepté par mon entourage. Comment dois-je formuler cette phrase ? Dois-je mettre cette personne en copie de cet e-mail ? Des questions absurdes me préoccupent : que dois-je porter ? Vais-je paraître ridicule ?

Perdre du temps à s'agiter pour des détails aussi insignifiants est le signe d'un manque d'acceptation de soi. Les mêmes sentiments qui entraînent un effet de groupe statique au bal de fin d'année du lycée nous empêchent de réaliser nos rêves et d'aller de l'avant dans la poursuite de notre objectif. Ce manque d'acceptation mine notre confiance et fait obstacle à notre enthousiasme et à notre flexibilité mentale. En l'absence d'acceptation de soi, nous avons tendance à sombrer dans un bavardage mental négatif menant à un espace mental restreint, limité et improductif, où notre préoccupation ne porte plus que sur les seuls instants où nous n'avons pas fait ou dit ce qu'il fallait.

En revanche, lorsque nous parvenons à accepter qui nous sommes, nous pouvons commencer à envisager l'avenir avec optimisme. Vous découvrez, comme l'a dit Rumi, que « ce que vous cherchez vous cherche en retour ». S'accepter tel quel implique de se focaliser sur ses qualités positives et réaliser que ce que vous prenez pour des qualités négatives vous rend justement unique. Lorsque quelque chose ne va pas - par exemple, vous vous exprimez mal ou vous manquez de préparation - l'acceptation de soi permet d'assumer ses échecs, d'en tirer des leçons et d'aller de l'avant sans s'attarder sur ce qui n'a pas fonctionné.

À ce stade de ma vie, j'ai appris que le fait d'accepter qui je suis permet à mon unicité de briller - une force essentielle dans un monde de plus en plus automatisé et soumis à la production de masse. Votre personnalité unique et ce que vous apportez sur le terrain en tant qu'individu sont votre plus grande valeur ajoutée.

L'acceptation de soi implique d'accepter le fait d'être différent. Par exemple, je précise à mes enfants qu'ils sont français et américains. Ils vivent dans un foyer monoparental et leur mère dirige une entreprise. Toutefois, le fait de prendre conscience de ces différences avant qu'un autre enfant ne les souligne pourra les aider à apprendre à s'accepter tels qu'ils sont.

J'ai toujours aimé les arts - le théâtre, la danse, l'écriture - et lorsque je suis en compagnie de passionnés de sport, je me démarque. J'avais tendance à croire que je devais changer qui j'étais. Aujourd'hui encore, j'aime vivre en France et j'ai compris le peuple français. Pourtant, même si j'ai la nationalité française, je ne suis pas vraiment française. En même temps, je ne suis plus complètement américaine. Alors comment dois-je me situer ? Je pourrais me sentir mal ou exclue à cause de mes différences, mais je choisis plutôt d'accepter qui je suis et où je suis. L'acceptation commence par l'existant et non par les attentes des autres à notre égard.

Vaincre le syndrome de l'imposteur

Comme la plupart des gens, il m'est arrivé plus d'une fois, lorsque je me suis lancée dans une nouvelle entreprise, de souffrir du syndrome de l'imposteur. Je commence à douter de moi et à me demander si je suis à la hauteur. L'acceptation de soi et la confiance constituent des antidotes ; l'une neutralise la critique personnelle, l'autre la remplace par la force d'aller de l'avant. Au lieu de vous attarder sur ce que vous ne savez pas et sur ce que cela pourrait dire de vous, vous pouvez vous affirmer et reconnaître que vous ne comprenez pas tous les rouages. En assumant ce que vous ne savez pas autant que ce que vous savez, vous vous donnez les moyens de chercher du soutien et d'investir dans l'acquisition de connaissances et d'expériences supplémentaires. L'acceptation de soi facilite la communication et la flexibilité, elle vous donne la permission de poser des questions et d'évoluer.

À un moment donné, j'ai engagé une collaboratrice pour résoudre une situation spécifique. Elle a commencé fort, mais il s'est avéré qu'elle souffrait du syndrome de l'imposteur, ce qui a miné notre capacité à collaborer ensemble. Elle travaillait auparavant dans le milieu de la vente directe et n'avait pas d'expérience dans le domaine interentreprises. De plus, notre dispositif digital était bien plus performant que ce à quoi elle était habituée.

Au lieu de reconnaître les différences et de demander de l'aide dans les domaines qu'elle ne connaissait pas, elle s'est accrochée à ses idées préconçues, un mécanisme de défense pour son grave manque d'acceptation de soi et de confiance en soi. Si elle s'était assumée, elle aurait eu la force de nous dire qu'elle ne savait pas gérer des équipes opérationnelles ou utiliser nos outils numériques. Nous aurions pu gagner du temps et de l'énergie. En n'acceptant pas ses propres difficultés et les exigences de l'environnement, elle a créé des résistances et beaucoup de frictions inutiles.

S'accepter soi-même permet d'accepter plus facilement les autres. Lorsque nous commençons à comprendre notre propre singularité et que nous apprécions notre savoir et ce qu'il nous reste à apprendre, nous apprécierons ces mêmes caractéristiques chez les autres. Nous ne sommes plus en compétition avec notre entourage, nous le considérons au contraire comme une source de connaissances avec laquelle nous pouvons apprendre et collaborer pour atteindre tous nos objectifs.

Dans une certaine mesure, il est humain de se débattre avec l'estime de soi, l'acceptation personnelle et le doute. Comme beaucoup de thèmes abordés dans ce livre, l'acceptation est un voyage qui dure toute la vie. Même lorsque vous devenez compétent, il faut continuer à s'entraîner. Dan Sullivan dit de la croissance personnelle : « Si vous n'avez pas honte de ce que vous étiez il y a douze mois, c'est que vous n'avez pas assez grandi ». Ce concept incarne l'acceptation de soi : il reconnaît que vous ne pourrez jamais tout savoir et que le dépassement de vos lacunes ou de vos erreurs fait partie du processus.

Accepter ses émotions

J'avais neuf ans lorsque je suis allée pour la première fois dans un centre de vacances. Juste avant de partir, j'ai dit à ma mère que mon ma maison allait peut-être me manquer pendant les sept semaines de mon séjour. Elle m'a donné des conseils incroyables, qui m'ont été utiles pendant cet été et à d'innombrables occasions par la suite. Ma mère m'a gentiment expliqué que le mal du pays était un sentiment normal. Si, de temps à autre, j'avais le mal du pays pendant le séjour, je devais simplement me laisser aller à ce sentiment, le laisser couler. Au lieu de résister à ce sentiment et d'essayer de le repousser, je devais l'accepter et le laisser exister.

Je me souviens parfaitement avoir laissé libre cours à mes émotions cet été-là. Lorsque je me sentais dépaysée, je respirais et j'imaginais que ce sentiment s'écoulait doucement dans mon corps et dans mes pieds. Cet exercice simple m'apaisait et me permettait de me connecter à mes sentiments et à moi-même.

Aujourd'hui encore, lorsque je me sens frustrée, triste ou en colère, je me remets à respirer et à laisser l'émotion s'exprimer. Chaque individu éprouve un large éventail d'émotions, allant de la joie et de l'excitation à la tristesse et à la colère. Accepter ces émotions en les considérant comme une partie naturelle de la vie est essentielle pour s'accepter soi-même. Il est important de comprendre que le fait d'éprouver toute une gamme d'émotions ne vous rend pas faible ou imparfait, mais qu'il fait de vous un être humain. Lorsque vous reconnaissez et acceptez vos émotions, vous vous reconnaissez vous-même, ce qui est essentiel pour renforcer l'estime de soi et la confiance en soi.

Suivre le courant de ses émotions signifie s'autoriser à les ressentir sans jugement ni résistance. Cette approche ne signifie pas que vous devez vous laisser dominer par vos émotions, mais plutôt que vous devez les comprendre et les respecter comme faisant partie de votre réalité. Ainsi, vous serez plus en phase avec votre moi intérieur, ce qui vous conduira à une meilleure connaissance de vous-même et à une plus grande perspicacité. Cette conscience de soi est la pierre angulaire du développement personnel et de la résilience.

Accepter vos émotions, en particulier celles qui vous rendent vulnérable, peut s'avérer difficile mais incroyablement gratifiant. La vulnérabilité n'est pas une faiblesse ; c'est un acte courageux qui consiste à s'ouvrir à ses véritables sentiments et expériences. En acceptant et en exprimant ses émotions, on renforce ses relations avec les autres et on cultive l'empathie, à la fois pour soi et pour son entourage.

Le fait d'accepter durablement ses émotions et d'en suivre le cours contribue à une bonne santé mentale à long terme. Cela permet de réduire le stress, l'anxiété et le risque d'épuisement émotionnel. Lorsque vous êtes en paix avec vos émotions, vous avez plus de chances de percevoir la vie de manière positive, d'être plus créatif et d'avoir plus de facilité à relever les défis de la vie. Accepter ses émotions et s'autoriser à les vivre pleinement est un acte audacieux d'acceptation de soi ; c'est un pas important vers une vie plus saine et plus épanouissante. Cette approche consiste à accepter tout le spectre de l'expérience humaine et de l'utiliser comme fondement de la croissance et de la connexion.

Accepter son environnement

Le monde peut souvent ressembler à un tourbillon déstabilisant composé de changements à profusion et d'une compétition permanente. Il est tentant de se plaindre du manque de temps, de ne pas pouvoir compter sur les autres et de devoir toujours prendre le relais. Mais se plaindre au sujet du changement n'altérera pas l'environnement. Si vous voulez jouer un rôle dans la configuration actuelle et future du monde, en favorisant la prospérité plutôt qu'en succombant à la pénurie, vous devez accepter la réalité de votre environnement.

Vous ne trouverez pas d'opportunités prospères dans un lieu de négativité. Oui, vous aurez besoin de vous défouler de temps en temps, mais ces impulsions ne doivent pas déterminer le ton général. Si vous ne l'acceptez pas, vous serez la petite souris dans sa roue au lieu d'être le danseur qui domine la scène.

La résistance et le manque d'acceptation affaiblissent aussi ceux qui vous entourent - votre équipe, vos collaborateurs, votre réseau. Pour aller de l'avant, il faut commencer là où on se trouve au lieu de vouloir être ailleurs.

Accepter son environnement, c'est aussi reconnaître qu'il est en constante évolution. L'acceptation permet de s'adapter à la cadence exponentielle. Notre monde est de plus en plus interconnecté. Ainsi, chaque changement a un impact qui dépasse notre entendement. Accepter l'évolution du monde et reconnaître que ce changement accéléré n'a pas de fin permet de naviguer et d'accélérer. Vous ne pourrez pas commencer tant que vous ne l'aurez pas accepté.

Choisir son environnement avec discernement

S'il est impératif d'accepter son environnement pour progresser vite, il est encore plus essentiel de renoncer aux lieux et aux rapports malsains. Quelques éléments doivent être pris en compte dans l'évaluation de votre environnement. Tout d'abord, vous trouvez la situation malsaine actuellement, mais vous a-t-elle réussi par le passé ? Souvent, le changement est source d'inconfort - peut-être pourriez-vous contribuer à l'accélérer. Ensuite, un nouvel environnement peut provoquer le syndrome de l'imposteur. Si c'est le cas, vous avez probablement besoin d'un temps d'adaptation. Misez sur la confiance et l'acceptation pour vous mettre au diapason. Toutefois, si l'environnement est toxique parce qu'il est rempli de personnes qui n'acceptent pas la réalité du monde, qui n'apprécient pas votre contribution ou qui ne correspondent pas à vos valeurs fondamentales, vous devriez rechercher un nouvel environnement.

Je ne préconise certainement pas de partir au premier signe de difficulté, car même les structures et les rapports les plus remarquables traversent des périodes difficiles. Toutefois, en cas d'inadéquation fondamentale qui pourrait compromettre votre capacité à progresser et à prospérer, il est temps de changer. Recherchez un environnement et une communauté ayant une perspective sur le monde qui vous permettra, à vous et à votre société, de rester en mouvement. De telles entreprises, de tels dirigeants et de telles équipes existent bel et bien.

L'une des clés consiste à rechercher des personnes qui se focalisent sur le positif et qui sont tournées vers l'avenir. Par exemple, le neurologue Rudolph Tanzi s'est focalisé sur la recherche liée à la maladie d'Alzheimer depuis ses études à Harvard Medical School. Au cours des trente dernières années, il a identifié soixante-quinze gènes liés au développement de la maladie. Il avait accepté la situation afin de l'améliorer. Tanzi et ses semblables nous montrent qu'accepter le contexte ne signifie pas être résigné, mais que reconnaître la situation dans laquelle nous nous trouvons nous donne le pouvoir d'aller de l'avant.

L'un des intervenants d'Abundance360 a créé une société qui industrialise des fusées dont la valeur dépasse aujourd'hui les 2 milliards de dollars. Il a décrit le moment le plus effrayant de la vie de son entreprise : deux semaines avant de déposer une nouvelle demande de financement, son équipe a accidentellement fait exploser une fusée alors qu'elle était au sol. Les erreurs font partie intégrante de l'aventure entrepreneuriale. Pour les dépasser, il est nécessaire d'accepter l'environnement dans lequel on évolue, ce qui permet de tirer parti de ses points forts et de trouver les personnes qui peuvent nous aider à nous relever et à progresser.

Acceptez votre environnement et entourez-vous de personnes qui l'acceptent. Cette acceptation favorise un état d'esprit positif, encourage l'enthousiasme, stimule la persévérance et libère toutes sortes de compétences complémentaires auxquelles vous ne pourriez accéder autrement. En revanche, en raison de la résistance et du manque d'ouverture d'esprit, les initiatives les plus importantes et les plus tournées vers l'avenir de notre époque - qu'il s'agisse d'aller sur Mars ou de guérir la démence - semblent impossibles, inutiles, trop difficiles ou trop compliquées. Sans acceptabilité, il est facile de rester bloqué et de ne pas voir la beauté de la danse.

Pistes de conversation Genie™ pour l'Acceptation

Allez sur www.talk2genie.com et tapez l'une de ces amorces de conversation :

- Aidez-moi à accepter les choses que je ne peux pas changer
- Créons un plan pour accepter l'incertitude
- Je veux améliorer mon acceptation de soi
- Créer une routine pour pratiquer la gratitude
- Créer un état d'esprit me permettant d'accepter le feedback
- Je veux accepter les autres tels qu'ils sont
- Développer des stratégies pour accepter le changement

Conseils pratiques pour renforcer votre jeu par l'Acceptation.

Soyez réaliste, restez simple, vous êtes une rock star ☺

Ces exercices sont destinés à favoriser votre capacité d'acceptation de soi, d'acceptation des autres et d'acceptation du monde dans son ensemble. Il est essentiel de s'approprier ces qualités pour naviguer à travers la complexité et l'imprévisibilité du monde actuel. En cultivant l'acceptation, vous deviendrez plus résilient et plus adaptable, ce qui favorisera des rapports harmonieux et des interactions constructives dans un contexte d'incertitude et de diversité.

L'auto-compassion et l'acceptation de l'imperfection :
Pratiquez l'auto-compassion en étant bienveillant et compréhensif envers vous-même, en particulier dans les moments difficiles. Si vous êtes confronté à des revers ou à des incertitudes, écoutez votre dialogue intérieur et évitez l'autocritique. Parlez-vous à vous-même comme à un ami, en reconnaissant vos imperfections et en acceptant que les revers soient courants dans une vie. Cet exercice favorise l'acceptation de soi et renforce votre capacité à faire face à l'adversité.

Contestez la recherche du perfectionnisme en vous engageant délibérément dans des activités où vous ferez des erreurs intentionnelles ou obtiendrez des résultats imparfaits. Cet exercice vous aidera à accepter que tout ne doit pas nécessairement être parfait. Accepter l'imperfection favorise un sentiment d'acceptation et de flexibilité en cas de résultats inattendus ou de revers.

Rituel du lâcher-prise :
Consacrez quelques minutes par jour à un rituel de lâcher-prise. Considérez les inquiétudes, les regrets ou les angoisses auxquels vous vous accrochez et libérez-les en toute conscience.

Cette pratique peut se résumer à une profonde respiration en visualisant ses inquiétudes en train de se dissiper. Il favorise l'acceptation en vous encourageant à lâcher prise par rapport à ce qui échappe à votre contrôle et à vous focaliser sur le présent.

Sentiments et besoins :
Entraînez-vous à identifier et à exprimer vos sentiments et vos besoins, et écoutez activement les autres au cours de conversations pour identifier les leurs. Au cours d'une conversation, faites une pause pour prendre conscience de vos propres sentiments. Êtes-vous frustré, anxieux ou satisfait ? Identifiez l'émotion spécifique que vous ressentez.

Identifiez ensuite le besoin ou le désir sous-jacent à ce sentiment. Par exemple, si vous vous sentez frustré, vous avez peut-être besoin d'être compris ou d'être soutenu. Exprimez vos sentiments et vos besoins en utilisant le « je ». Par exemple, « Je me sens frustré parce que j'ai besoin de plus de clarté dans notre communication ». Lorsque l'autre personne s'exprime, écoutez-la activement pour identifier ses sentiments et ses besoins. Évitez de porter des jugements ou de faire des suppositions sur leurs émotions ou leurs désirs.

Reformulez ce que vous avez entendu en disant quelque chose comme : « J'entends que vous ressentez [émotion] parce que vous avez besoin de [besoin]. C'est bien ça ? »

Poursuivez la conversation en explorant les solutions possibles ou en trouvant des compromis qui répondent aux besoins des deux parties. Cet exercice inspiré des techniques de communication non violente vous permet, à vous et aux autres, de communiquer avec plus d'empathie et de compréhension. En se focalisant sur les sentiments et les besoins, il favorise l'acceptation et la résolution constructive des problèmes, réduisant ainsi les conflits et améliorant les rapports, ce qui est tout particulièrement appréciable dans un monde complexe et changeant.

CHAPITRE DOUZE

Compétition

Depuis la nuit des temps, la compétition est l'un des principaux facteurs d'accélération. Les historiens des temps anciens évoquent des guerres de conquête où les tribus se disputaient les terres les plus riches et les plus vastes pour y vivre. Vers le milieu du XIXe siècle, la compétition entre les États-Unis et l'Union soviétique a fait avancer la recherche spatiale, les deux pays se disputant la primauté dans ce domaine.

Dans le domaine des arts, les musiciens d'orchestre se perfectionnent assidûment pour accéder aux rangs supérieurs. Les danseurs intensifient leurs compétences pour être prêts pour les compétitions et, dans les compagnies de ballet, la perspective de devenir premier danseur ou prima ballerina stimule l'esprit de compétition entre les artistes.

Heureusement, la compétition n'a pas besoin d'être acharnée ou d'être une partie sans fin avec un seul gagnant. Une compétition saine peut aller de pair avec la collaboration, l'élévation conjointe et la prospérité, et même les alimenter.

Le pouvoir constructif de la compétition

Nous profitons tous d'une compétition saine. Malheureusement, beaucoup croient à tort qu'elle contredit la collaboration ou la coopération. Mais une compétition saine nous incite à nous surpasser. La société a commencé à se méfier de la compétition parce que l'on craint - souvent à juste titre - qu'elle encourage l'exclusivité, le manque de respect et la tromperie. Mais en sensibilisant le public à ces risques, nous pourrons réellement profiter de la compétition.

Le centre de vacances que j'ai fréquenté dans ma jeunesse et que mon fils intègre à présent organise chaque été la « Guerre des Couleurs ». Cet événement de quatre jours est parfois très intense, mais il illustre le caractère hautement constructif de la compétitivité. Pendant mes années au centre de vacances, la Guerre des Couleurs était le point culminant de tous mes étés. Même si nous savions que le jeu ne démarrait qu'à la fin du séjour, il se produisait quand même de manière inattendue. L'anticipation de la confrontation entre les deux équipes suscitait autant de joie que le concours en lui-même.

Une des belles choses à propos de ce combat féroce, c'est qu'il parvenait, dans une atmosphère de compétition, à intégrer l'élément qui fait trop souvent défaut dans un cadre de compétition : l'inclusion. L'inclusion est un principe louable, mais il est important de comprendre que l'inclusion et la compétition ne sont pas diamétralement opposées. La compétition constructive permet aux meilleures idées de surgir et aide la société à aller de l'avant. Lors de la Guerre des Couleurs, même les filles comme moi qui n'aimaient pas le sport et n'y excellaient pas ont pu briller parce que la compétition et la camaraderie poussaient tout le monde à se surpasser, quel que soit le niveau. Les jeux comprenaient des chasses au trésor, des épreuves sportives difficiles, des compétitions de natation et d'athlétisme, des courses de relais, et bien plus encore. Il n'y avait aucun trophée à la clé, mais on attendait de chacun qu'il fasse de son mieux.

Dès le premier jour, les responsables ont insisté sur l'importance de l'esprit de compétition sportive et de la manière de se comporter avec les autres, de sorte que la confrontation nous a appris à être de bons gagnants et de bons perdants. Chacun a fait preuve d'un effort intense et d'un mental positif. La compétition et la positivité coexistaient, créant un engagement fort et une motivation sans faille. Travailler ensemble pour remporter la victoire a permis de créer des connexions entre les participants. Bien des années après, je continue à entretenir des relations privilégiées avec les adultes qui ont partagé cette expérience de jeunesse avec moi, même avec ceux de l'équipe adverse.

Mon entreprise organise des formations relatives aux techniques de présentation de projets (« pitch », en anglais) pour ses clients. Chaque programme se termine par une compétition entre équipes. Les participants veulent souvent sauter cette étape de la formation. Certains dirigeants craignent que la compétition ne nuise à la collaboration entre les cadres en provoquant un sentiment d'exclusion ou de hiérarchisation. Pourtant, l'aspect ludique du jeu - souvent présenté avec des éléments scéniques, avec un « applaudimètre » humain pour déterminer les votes en s'amusant - aide les participants à se détendre et minimise le risque d'un comportement agressif. Par ailleurs, le fait de pouvoir se produire devant un public génère assez d'adrénaline pour que les participants s'engagent à fond pour obtenir les meilleurs résultats possibles. L'être humain ayant une propension innée à la compétition, notre jeu permet aux dirigeants de s'entraîner à gérer le stress qui accompagne inévitablement la collaboration avec des personnalités compétitives.

Lorsque les clients insistent sur leur refus de toute forme de compétition, je leur explique notre raisonnement et nous respectons leurs souhaits. Malgré tout, je pense qu'ils passent à côté de l'exploitation du pouvoir positif de la compétition.

Innovation et rapports en matière de compétition

La compétition, fondée sur le principe du « jouer pour gagner » dont nous avons parlé plus haut, favorise l'innovation et l'établissement de relations fortes. Chaque épreuve se transforme en une invitation à la créativité, car nous sommes convaincus que le meilleur ou le plus important reste à venir. C'est la raison pour laquelle les personnes les plus performantes sont en compétition avec elles-mêmes. Les coureurs savent qu'en essayant de dépasser leur meilleur temps, ils se livrent à une compétition positive qui les incite à se surpasser.

Le point culminant de la Guerre des Couleurs était le concours de chants et d'applaudissements qui avait lieu le dernier soir. Pendant quatre jours, les participants faisaient preuve d'innovation et de créativité pour interpréter quatre chansons du mieux possible : une chanson de combat, une chanson d'encouragement, une chanson amusante et l'Alma Mater. Un jury composé de responsables et de conseillers décidait du vainqueur final mais, étant donné l'importance de l'enjeu dans cette phase finale, les deux équipes étaient toutes au même niveau. Chaque participant a mémorisé, répété et s'est initié au rythme spécifique de chaque morceau.

À la fin, les arbitres déclaraient le gagnant, et tout le groupe se dirigeait vers le centre de la salle en lançant le cri de Camp Evergreen. Les gagnants et les perdants ont versé des larmes quand la tension de la compétition est retombée. Nous nous sommes embrassés et avons pleuré parce que nous savions que le séjour se terminait et que nous allions devoir attendre dix mois avant de nous retrouver.

Chaque été, dans ce centre de vacances, nous nous réunissons autour d'un feu de camp pour débuter et conclure le séjour. À la fin du premier feu de camp, le premier soir du séjour, la directrice nous avait demandé de regarder de chaque côté. Elle a expliqué que toutes les personnes autour de nous seraient probablement nos amis pour toujours. En comptant les années où j'ai été participante et formatrice, j'ai connu une douzaine de ces premières soirées de rencontre. La directrice avait raison, certaines de ces filles sont toujours mes amies, quelle que soit l'équipe dans laquelle nous nous sommes retrouvées et peu importe la finalité, la victoire ou la défaite.

Lorsqu'un état d'esprit de compétition saine est instauré sur le lieu de travail, l'énergie qui en résulte est inestimable. Je ne me souviens pas de bagarres ou de conflits liés à la Guerre des Couleurs. La qualité des liens d'amitié qui perdurent vient justement de cela. L'importance des rapports que nous avons noués nous était constamment rappelée. Dès mon plus jeune âge, j'ai compris que les rapports d'amitié étaient plus importants que les victoires, en particulier dans les moments clés quand la pression de la Guerre des Couleurs et la volonté de réussir et de gagner l'emportaient.

Travailler en équipe pour réussir permet de nouer des rapports et de créer des connexions solides. Mon équipe remporte de nombreux contrats et il est important de saluer ces victoires. Mais parfois nous perdons, et je crois qu'il est tout aussi important de faire la fête à ce moment-là. Même après une défaite, nous pouvons nous réjouir d'avoir fait de notre mieux. Si nous avons manqué un objectif, nous pouvons encore faire le point et nous réjouir d'avoir appris quelque chose de très utile ou de très rentable pour la prochaine fois. C'est en perdant des contrats compétitifs que j'ai appris quelques-unes de mes leçons les plus précieuses. Bien sûr, la défaite est pénible, mais c'est l'une des grandes leçons du centre de mes étés de jeunesse : la défaite est dure, mais ce n'est pas la fin - c'est possible de traverser ces moments et leurs leçons puis d'aller de l'avant.

Les chefs d'entreprise et les dirigeants sont en mesure de favoriser l'émergence d'une culture axée sur les rapports au sein de leur entreprise. Nos formations favorisent cet état d'esprit, mais les dirigeants d'entreprise en faveur d'une mentalité axée sur les individus peuvent aussi créer des occasions de compétition qui accéléreront l'impact et les bénéfices de leur entreprise. Lorsqu'on se sent valorisé, quels que soient les résultats, la compétition et la collaboration peuvent aisément trouver leur place dans la même boîte.

Une compétition saine va de pair avec une forme de vulnérabilité. Comme je l'ai dit, je n'étais pas très sportive. Ainsi, pendant la Guerre des Couleurs, je me suis sentie parfois un peu ridicule et je me retrouvais dans des situations où je ne brillais pas trop, malgré mes efforts. Cependant, les rapports que j'ai noués pendant notre affrontement m'ont donné le courage de courir le risque, car je savais que mes amis me soutiendraient, même si j'avais l'air ridicule.

Se lancer à corps perdu, quel que soit le résultat, peut être décourageant. Il y a en effet un risque à agir en public, puisque tout le monde remarquera si vous trébuchez. Et c'est un risque inhérent à tout environnement constructif, collaboratif et co-évolutif. La bonne nouvelle, c'est que lorsque nous prenons des risques et que nous nous autorisons à être vulnérables, la défaite finit par être mieux acceptée, car nous n'avons pas à nous demander si nous aurions pu obtenir un résultat différent si nous avions pris plus de risques. La vulnérabilité nous aide à éviter les regrets, mais elle renforce surtout les connexions, car les personnes auprès desquelles nous nous sentons vulnérables perçoivent la confiance qu'on a en eux.

Une compétition saine

Dans votre entreprise, une compétition saine suppose de comprendre que tous les acteurs recherchent le même résultat. Une compétition saine incite chacun à donner le meilleur de soi-même, tout en sachant que son idée ne sera peut-être pas retenue. Au contraire, elle pourrait alimenter les réflexions de quelqu'un d'autre.

Jeff Bezos a déclaré à la Harvard Business Review que le fait de savoir que la compétition était rude a incité Amazon à faire preuve de créativité. À chaque innovation, les entreprises concurrentes d'Amazon proposaient un service équivalent dans les deux ans. Le fait de savoir qu'il disposait d'un délai de deux ans a poussé l'entreprise à aller de l'avant et à faire preuve de stratégie dans son marketing. [20]

La fondation XPRIZE, association à but non lucratif de Peter Diamandis, organise des concours d'innovation pour encourager le développement technologique au profit de tous. Des petits groupes ou structures indépendantes dépassent souvent les records détenus jusqu'alors par les géants. Des amateurs travaillant dans leur garage trouvent comment nettoyer les marées noires plus rapidement que Shell ou Chevron. Les concurrents ont par ailleurs envoyé des fusées dans l'espace ou se sont préoccupés de problèmes majeurs pour l'humanité, tels que l'accès à l'eau potable. Le concours XPRIZE se focalise sur la solution elle-même plutôt que sur la personne qui l'a trouvée en premier. Les petites structures innovent et construisent plus efficacement, et la compétitivité constitue un excellent moyen de franchir de grandes étapes en très peu de temps.

L'engagement dans la compétition et la co-élévation nécessite en outre l'acceptation de l'échec. Si vous apprenez à reconnaître les victoires dans les défaites, le concept d'échec disparaît. Vous verrez la compétition comme autant d'opportunités de croissance et d'amélioration, quel que soit le résultat.

Cette approche a impacté ma propre entreprise et mon approche stratégique. Nous considérons toute compétition comme une occasion de tirer parti des leçons du passé, d'en apprendre de nouvelles et d'améliorer notre niveau. Je dirige avec une énergie positive pour impliquer et motiver mon équipe. Et parce que nous nous focalisons sur la coopération et la collaboration plutôt que sur la réussite par tous les moyens, notre équipe est en mesure d'identifier les problèmes et de favoriser leur résolution. La plupart des individus ne parviennent pas à donner le meilleur d'eux-mêmes parce qu'ils sont en proie à la peur et ont besoin d'exercer un contrôle. En considérant chaque nouveau processus comme une occasion pour s'améliorer, mon équipe parvient à résoudre les difficultés qui se posent.

Ma compétitivité

J'ai toujours eu une nature compétitive qui se traduit de différentes manières mais qui me pousse presque toujours à aller au bout de ce que j'entreprends. En soi, c'est déjà une victoire. Souvent, cela signifie qu'il faut lutter contre le syndrome de l'imposteur à propos de ses compétences, de ses aptitudes, de son état d'esprit, de son intelligence et de sa popularité. Cela suppose de la vulnérabilité, du courage, de la confiance en soi et l'acceptation de soi pour pouvoir exploiter ses propres ressources et donner le meilleur de soi-même.

Au cours de ma vie, j'ai connu des moments de baisse de confiance en moi quand je ne jouais pas pour gagner. Cependant, quand je me suis lancée et que j'ai pris le risque malgré ma peur, j'ai remporté davantage de victoires. Le mental compte ! Même quand je perds, je me sens rassurée si j'ai tout donné sur le terrain. Gagner fait toujours plaisir. Néanmoins, la défaite est inévitable, mais elle peut aussi être satisfaisante si on est conscient de s'être pleinement investi dans la tâche.

C'est pour cette raison que j'ai trouvé la Guerre des Couleurs si gratifiante. Tout le monde se donnait à fond et, à la fin, nous nous embrassions et fondions en larmes, quelle que soit l'équipe dans laquelle on se trouvait. Chacun avait fait de son mieux, personne n'avait de regrets, et le dernier soir, avec la tension de la Guerre des Couleurs en tête, nous avons toujours fait la fête.

Ce feu de camp final a commémoré les moments forts de notre été et les participants des deux équipes ont pu profiter une dernière fois de la présence de leurs amis avant de remonter dans les bus pour rentrer chez eux.

Des décennies plus tard, l'immense famille du centre de vacances m'entoure encore, bien que j'aie déménagé à un océan de là. Ces souvenirs sont extrêmement vivaces et tellement ancrés dans mon identité que je m'inspire souvent de ces expériences pour créer la même solidarité dans mes rapports professionnels.

Lorsque je forme mes coachs à de nouveaux projets, je réalise toujours un essai pilote. Ils sont confrontés aux évaluations des clients, aux comparaisons avec d'autres prestataires et au risque de constater des lacunes qui devront être corrigées avant la mise en place du programme. Comme ils visent l'excellence et se concentrent sur l'absence de défauts du projet, il est fréquent qu'ils soient stressés et qu'ils m'appellent trois jours avant la date limite pour me dire qu'ils se sentent trop nerveux. Le simple fait de se libérer de leurs inquiétudes leur permet d'être plus performants.

Mon entreprise intègre le mélange de compétition et de crainte pour aider son personnel et ses clients à exploiter pleinement leur potentiel, afin qu'ils puissent obtenir des résultats de premier ordre. Cette dose supplémentaire de compétition nous aide à améliorer nos performances. Nous essayons toujours d'atteindre le niveau requis, puis d'établir une nouvelle mesure.

Ceux qui se sentent concernés et qui s'investissent sont naturellement plus inquiets. Mes collaborateurs atténuent les effets de la compétition en restant fidèles à l'objectif altruiste qui consiste à aider des individus à développer des soft skills essentiels. En incluant le facteur concurrentiel dans votre démarche, vous entrez dans un processus d'amélioration continue.

La compétition relève le niveau

Sans compétition, nous risquons d'être moins performants. Pour éviter de susciter des sentiments défavorables, nous avons réduit les normes dans certains secteurs. Tandis que tout le monde s'attend à ce que les danseurs professionnels, les artistes et les athlètes donnent le meilleur d'eux-mêmes, dans d'autres domaines, on a tendance à ne pas réagir lorsque quelqu'un n'est pas tout à fait à la hauteur. Nous sommes devenus tellement préoccupés par les susceptibilités ou les perceptions d'exclusion que certains ne donnent plus le meilleur d'eux-mêmes. Des attentes moindres créent une incapacité à prospérer, en particulier en milieu scolaire.

Depuis des décennies, les machines ont remplacé les ouvriers dans les usines. L'IA et la robotique continuent d'effectuer des tâches autrefois attribuées à des personnes. Pourquoi dévalorisons-nous le potentiel global des humains à devancer leurs homologues technologiques ? Alors qu'il devient de plus en plus facile de remplacer les interventions et les contributions de chaque être humain, nous devons nous mettre à niveau pour protéger ce que notre espèce a d'unique et aborder les questions éthiques et stratégiques qui se cachent derrière les nouvelles technologies. Il nous appartient d'élever le niveau d'exigence.

Faire ressortir le génie

La compétition nous permet de renforcer la qualité de nos prestations. Je ne parle pas de travailler plus longtemps et plus durement, mais plutôt d'opérer le changement mental nécessaire pour élever et faire ressortir le génie en nous. Si la vie ressemble à Danse avec les Étoiles, alors notre succès implique d'apprendre la chorégraphie de la vie, de sortir de nos zones de confort et d'être au sommet de nos performances de manière continue. La seule façon de surmonter les difficultés et les obstacles auxquels nous sommes confrontés est de faire appel à l'Anna Pavlova qui sommeille en nous et de danser comme si nous n'avions rien à perdre.

La technologie et l'IA ont fait passer nos cultures à une vitesse supérieure, mais en réalité, ces machines ne maîtrisent que ce que les humains ont programmé. Elles recherchent les informations qu'on leur a inculquées à une vitesse inimaginable et peuvent même apprendre à imiter nos discours et à anticiper ce que nous pourrions dire ou faire. Cependant, ils sont limités à l'ingéniosité programmée par l'homme.

Les cerveaux humains ont besoin de sollicitation permanente. La technologie accélérée donne un avantage au génie, car nos idées peuvent être traitées plus rapidement et soumises à des tests virtuels nous indiquant ce qu'il faut améliorer. Seule la compétition peut révéler la forme de génie requise pour accélérer le processus en faveur d'un monde meilleur.

Je ne veux en aucun cas diminuer la bienveillance, le renforcement positif, l'inclusion, la diversité, la collaboration ou la coopération, mais on peut remporter des médailles et des victoires sans exclure qui que ce soit. Des dizaines d'années plus tard, je garde un souvenir ému de ces compétitions au centre de vacances. L'expérience m'a appris à gagner avec dignité et à perdre de manière constructive et saine. J'ai tellement raconté cette expérience que lorsque mon fils a eu l'âge d'y participer, il était terriblement enthousiaste.

Regarder James profiter de son été à Kenwood, le centre de vacances homologue d'Evergreen, me procure une très grande joie. Ma fille Marianna pourra y participer dans quelques années. Je suis particulièrement heureuse de savoir que mes enfants connaîtront les mêmes valeurs amicales, positives, diversifiées et fondamentales que celles que j'ai découvertes lorsque j'étais jeune.

Avec un état d'esprit adapté, la compétition apporte des bénéfices qui l'emportent largement sur les inconvénients. Une compétition saine permet de briller et de donner le meilleur de soi-même. De plus, lorsque nous abordons la compétition avec un esprit positif et que notre vision plus grande prédomine, nous faisons aussi ressortir le meilleur chez les autres.

Pistes de conversation Genie™ pour la Compétition

Allez sur le site www.talk2genie.com et tapez l'une de ces amorces de conversation :
- Aidez-moi à développer un esprit de compétition
- Créons un plan pour améliorer mes performances
- Je veux apprendre de mes concurrents
- Créer une routine pour rester motivé
- Élaborer une stratégie pour une compétition saine
- Je dois être plus résistant dans les environnements compétitifs
- Je veux équilibrer la compétition et la collaboration

Conseils pratiques pour renforcer votre jeu à travers la Compétition.

Soyez réaliste, restez simple, vous êtes une rock star ☺

Ces exercices sont conçus pour renforcer votre compétitivité et votre réflexion stratégique dans un monde complexe et en constante évolution. Ils stimulent la capacité d'innovation et favorisent l'avancement, vous permettant d'exceller et de vous épanouir dans le paysage dynamique et compétitif de notre environnement intense. En intégrant ces pratiques à votre routine, vous cultiverez l'état d'esprit « jouer pour gagner », ce qui renforcera votre confiance, votre engagement et votre capacité à atteindre vos objectifs en vous focalisant de manière infaillible et en faisant preuve d'adaptabilité.

Recadrage mental :
Défier et recadrer votre mental en ce qui concerne la compétitivité. Au lieu de considérer vos concurrents comme des menaces, voyez-les comme des opportunités de croissance

et d'amélioration. Considérez la compétition comme une source de motivation qui vous poussera à vous surpasser et à innover. Lorsque vous êtes confronté à des défis concurrentiels, rappelez-vous les leçons enrichissantes et la progression personnelle qui peuvent résulter de ces épreuves. Cet exercice vous permet de changer de perspective et favorise un état d'esprit positif et compétitif.

Visualisation compétitive et pratique mentale :
Avant de relever des défis concurrentiels importants, aidez-vous à travers la visualisation focalisée et la préparation mentale. Imaginez-vous au cœur de cette épreuve en train de mettre en œuvre vos stratégies de manière optimale et d'en ressortir triomphant. Imaginez la sensation de réussite et les avantages qui en découlent, qu'il s'agisse de réussir un entretien d'embauche, de faire une présentation convaincante ou de remporter une compétition sportive. Cet exercice permet de configurer votre mental pour qu'il adopte une attitude « jouer pour gagner », vous permettant ainsi de donner le meilleur de vous, même sous pression.

Compagnon de route de la compétitivité :
Associez-vous à un ami de confiance, à un coach ou à un mentor qui pourra veiller à ce que vous ayez toujours un mental permettant de « jouer pour gagner ». Faites-lui part de vos objectifs et de vos aspirations en matière de compétitivité. Discutez régulièrement de vos progrès et de vos difficultés, en sollicitant ses conseils et ses encouragements. Le fait d'avoir un compagnon de route fiable vous aidera à maintenir votre esprit de compétition et vous permettra de bénéficier d'un soutien et d'un feedback de la part d'un tiers.

TROISIÈME PARTIE

Compétences de navigation

CHAPITRE TREIZE

Persévérance

Q ue ferions-nous sans les systèmes de navigation du XXIe siècle ? Les conducteurs récents n'imaginent pas de devoir imprimer des itinéraires, et encore moins d'utiliser une carte complète. D'autre part, la plupart d'entre nous sont devenus très dépendants du GPS intégré dans nos voitures et nos téléphones.

Ces dispositifs de guidage sont devenus la chorégraphie de nos vies. Comme les directives pas à pas d'une chorégraphie, nous avons besoin de nous laisser guider pour arriver à notre destination finale. En étant ancrés dans l'espoir, le courage, le focus, la créativité, en pratiquant et en nouant des relations fortes, nous développons notre capacité d'adaptation, notre confiance, notre enthousiasme, la flexibilité mentale, l'acceptation et favorisons une compétitivité saine qui nous permettra d'aller de l'avant. Il nous faut maintenant un moyen supplémentaire pour continuer à avancer dans la bonne direction.

Naviguer avec persévérance

Lorsque les premiers appareils GPS sont apparus, tout le monde plaisantait en disant qu'ils n'abandonnaient jamais. Si vous preniez un mauvais virage, la voix artificielle vous le faisait savoir - « recalculer l'itinéraire ». Parfois, les instructions qui suivaient vous amenaient à faire le tour d'un pâté de maisons, et d'autres fois, vous deviez faire demi-tour ; néanmoins, quel que soit le nombre de détours erronés, la petite boîte continuait à vous donner des indications jusqu'à ce que vous soyez de nouveau sur la bonne trajectoire.

Voilà ce qu'est la persévérance à l'œuvre. Dans ce monde où tout va très vite, il est tellement facile de prendre un mauvais virage. Après quelques tentatives infructueuses, nous sommes tentés d'abandonner. La persévérance nous réoriente sans cesse. Elle nous incite à poursuivre nos efforts.

Combien de projets traitez-vous par jour ? Deux ? Deux cents ? Et à chaque fois, il semble que quelqu'un modifie la chorégraphie tous les dix pas. Alors que nous pensons avoir compris la séquence de la danse, l'objectif change, le délai est repoussé ou le client décide de repartir à zéro. La persévérance est le principal outil de navigation qui nous empêchera d'être tiraillés dans un million de directions différentes.

Le contexte de la formation ayant évolué, ma société a dû se réinventer à de nombreuses reprises. J'aurais pu facilement baisser les bras et renoncer à m'adapter. Mais à mesure des progrès exponentiels, mon équipe continue à aller de l'avant. Nous collaborons pour surmonter les difficultés de croissance, essayer de nouvelles approches et tester des solutions innovantes. En envisageant les possibilités qui s'offrent à nous, nous poursuivons notre chemin vers une nouvelle destination.

Par exemple, un client essayait de conclure une affaire de 100 millions de dollars qui impliquait des enjeux politiques importants et la mise en œuvre de solutions technologiques complexes. Il a invité les dix parties prenantes qui prendraient la décision à rejoindre son équipe dans un hôtel pour discuter des problèmes, des obstacles et des doutes concernant sa proposition. Ils ont passé le week-end à travailler sur ce processus, sans aucune garantie qu'ils trouveraient une solution et iraient de l'avant - c'était une lourde tâche, avec un risque évident d'échec. Mais ils ont réussi. Mon client a fait preuve d'engagement et de ce que j'appellerais une « persévérance flagrante ». Ce niveau de persévérance a impressionné le client, et son entreprise a obtenu le projet.

La persévérance attire. Lorsqu'un client, un dirigeant ou un enfant voit que vous n'abandonnerez pas dans les moments difficiles, il a davantage confiance en vous. Ils savent que si vous devez parcourir quelques kilomètres de plus - ou quelques milliers de kilomètres de plus - vous irez jusqu'au bout. Dans le contexte des turbulences que nous connaissons aujourd'hui, cette aptitude est cruciale pour réussir.

Le carburant qui alimente la persévérance

Comme un marathonien ou un cycliste du Tour de France, vous avez besoin d'une source interne d'énergie en continu. Ces athlètes ne peuvent pas se contenter de se reposer sur leurs lauriers. Ils doivent créer leur propre dynamique. Lorsque leurs muscles fatiguent et qu'ils ont l'impression qu'il ne leur reste plus aucune ressource, la persévérance les pousse à franchir la ligne d'arrivée. La persévérance vous fait progresser à toute vitesse dans la bonne direction et aiguise vos réflexes.

Mais d'où vient le carburant de la persévérance ? Revenons à l'introduction de ce livre. Nous avons évoqué la question de l'objectif à poursuivre. Qu'est-ce qui vous motive à vous lever tous les matins ? Une ballerine qui n'a pas la volonté d'être la plus performante n'apprendra jamais la technique des pointes. Tant que la bonne posture n'est pas maîtrisée, c'est douloureux. Jouer d'un instrument à cordes pose des défis similaires. Sans un désir sincère d'apprendre la guitare, la mandoline ou le violon, l'élève abandonnera trop tôt. Les callosités permettent aux musiciens de mieux jouer des cordes, mais pour les obtenir, il faut du carburant interne.

Les athlètes vedettes l'ont, les danseuses étoiles l'ont, les joueurs professionnels de musique bluegrass l'ont et les conférenciers TED l'ont. Au fond d'eux-mêmes, quelque chose les anime. Ils ont une raison d'être. Elle peut se transformer ou évoluer au fil des années, mais ce désir profond alimente leur persévérance.

Howard Schultz avait toutes les raisons d'abandonner. Il a fait des demandes de prêt auprès de plus de deux cents banques pendant un an avant de trouver un couple de médecins disposés à l'aider à financer la création de son entreprise. Sans persévérance, Starbucks n'existerait pas. Un éditeur de journaux a dit à Walt Disney qu'il manquait de créativité le jour où il a licencié ce géant du divertissement, et Mickey Mouse a été rejeté par Hollywood. Heureusement, M. Disney n'a jamais renoncé. [21]

Si vous avez des enfants, vous savez que les parents aussi ont cette source d'énergie interne qui les guide. Mon fils n'a pas fait ses nuits avant l'âge de deux ans et demi. Une première fois, je l'ai couché à 20 h 30. et j'ai ensuite répété le processus vingt-cinq ou trente fois. Parfois, il s'écoulait trente minutes ou une heure entre les tentatives ; d'autres fois, je quittais sa chambre et vingt secondes plus tard, il réapparaissait. Plus d'une fois, nous étions encore debout à 5 heures du matin.

J'ai essayé plusieurs méthodes : d'être gentille et calme, de crier en étant beaucoup moins gentille, et tout ce que j'ai pu imaginer entre les deux. J'étais complètement épuisée, et lui aussi. Sa crèche en France avait pour politique de ne pas réveiller les enfants quand ils faisaient la sieste. Il arrivait à la crèche tellement épuisé qu'il dormait souvent trois heures d'affilée. Ensuite, en rentrant de la crèche, il n'était plus du tout fatigué à l'heure du coucher. C'était un cercle vicieux, sans sommeil.

Pour mon bien et le sien, j'ai refusé d'abandonner. Nous sommes restés focalisés sur le besoin de le faire dormir toute la nuit, et nous avons fini par y arriver. Cette énergie, issue de l'amour pour mon fils et de mon besoin désespéré de sommeil, nous a aidés à persévérer pendant cette période difficile.

Si vous avez l'impression de manquer de dynamisme, il est peut-être temps de revenir en arrière et de réévaluer vos objectifs. Il pourrait être nécessaire de les adapter à une réalité en constante évolution. Ou peut-être ont-ils besoin d'une refonte complète. Votre manque de persévérance peut être le signe que vous n'allez pas dans la bonne direction.

Pour persévérer, il nous faut une certaine force motrice, comme une fusée qui défie le vent et la gravité pour sortir de l'atmosphère. Si vous avez un objectif précis, vous aurez suffisamment de force pour que rien ne puisse vous faire dévier de votre route.

Certains projets et objectifs peuvent sembler ne pas correspondre à votre raison d'être. Pour les alimenter, cherchez des moments instructifs au sein de ces projets ou cherchez des moyens de les relier à votre raison d'être. Parfois, une situation légèrement éloignée de l'objectif peut constituer un tremplin vers un objectif plus large. La flexibilité mentale permet de voir les situations sous un angle différent et génère l'énergie nécessaire pour continuer à avancer.

Les changements constants et la réinvention de vos projets peuvent vous donner l'impression que vous vous noyez et que vous n'arrivez pas à remonter à la surface. L'échec vous privera de votre énergie, surtout dans les moments où vous avez l'impression que, quoi que vous fassiez, rien ne va. Pendant ces périodes, rappelez-vous votre « pourquoi ». Vous pourrez alors y consacrer votre cerveau, votre cœur, votre âme, votre mental et votre corps pour aller de l'avant. Envisagez la lumière au bout du tunnel et le résultat positif, même si vous ne savez pas exactement comment vous y arriverez. Cette propulsion vers l'avant vous motivera et contribuera à mobiliser ceux qui vous accompagnent. Face à l'échec, à la frustration et à la fatigue, votre raison d'être vous propulsera.

Courage, détermination et engagement

Au début de mon activité, mon attention était toujours très divisée. Certains moments ont été plus faciles que d'autres, mais j'ai dû persévérer. À un moment donné, un résultat attendu ne s'est pas concrétisé et j'en ai fait part à mon père au téléphone. Il m'a dit : « Baisse la tête, passe au travers et vas-y ».

Mon père évoquait le courage, qui, avec la motivation et l'engagement, est une compétence distincte mais liée à la persévérance. Le mot « cran » a une sonorité qui évoque l'abrasion. En ajoutant du cran à la persévérance, vous pourrez franchir les obstacles difficiles et abrasifs.

Le cran entre en jeu au moment où vous ne devez pas rester à la traîne, mais au contraire creuser en profondeur pour trouver votre source d'énergie. Les jours où nous avons besoin d'une persévérance faite de cran, nous trouvons deux facteurs supplémentaires : le plaisir de la victoire et la volonté d'éviter la douleur.

Les alpinistes et les marathoniens ont besoin de cran. Il en va de même pour les athlètes doublement amputés qui participent aux Jeux Paralympiques. En plus de leur objectif, la joie qu'ils éprouvent en franchissant la ligne d'arrivée contribue à leur motivation. Il est difficile pour la plupart des gens d'imaginer l'engagement et le cran qu'il faut pour participer à ces épreuves. Même la pratique requise au départ exige de la persévérance. Les personnes qui maîtrisent parfaitement ces aptitudes ne sont pas arrêtées par un handicap. L'engagement et le dévouement se conjuguent avec la persévérance. Sans engagement, pourquoi se donner la peine de faire des efforts ? Il arrive que l'on perde de vue le but à poursuivre ou qu'il ne soit plus aussi attrayant. Dans ce cas, il est facile de penser que l'objectif que l'on s'est fixé n'a plus d'importance. Maintenir le statu quo semble plus facile. Nous avons tous des moments de doute, mais l'engagement nous maintient dans le jeu et nous reconnecte à notre persévérance et à notre cran.

Mon expérience personnelle de la persévérance

Les revers ne me sont pas étrangers. Je ne compte plus le nombre de fois où j'ai rencontré des difficultés et des obstacles imprévus au cours des années. Les revers peuvent vous épuiser émotionnellement, en particulier lorsque vous avez mis du cœur, de la sueur et des larmes dans votre projet, mais que vos tentatives ne semblent pas fonctionner - ou qu'elles fonctionnent pendant un certain temps, puis s'effondrent.

Il m'est arrivé, par exemple, de signer des contrats majeurs pour finalement perdre le financement. Nous avons lancé des programmes performants, puis un coach essentiel s'est retiré pour raisons personnelles. J'ai embauché des personnes qui n'ont pas eu les résultats escomptés dans des postes clés, j'ai investi dans de nouveaux outils qui n'ont pas fonctionné et j'ai mis en œuvre des stratégies qui nous ont coûté du temps, de l'argent et de l'énergie, pour ensuite les voir échouer. Sans la force de la persévérance, l'entreprise se serait effondrée. Notre succès repose sur la volonté de continuer à aller de l'avant.

Persévérer n'implique pas nécessairement de faire des affaires ou d'avoir des objectifs ambitieux ; il peut s'agir de choses simples comme enseigner à un enfant en bas âge. Les enfants sont de merveilleux exemples de la valeur de la persévérance, car ils sont biologiquement construits pour tester les limites. Nous devons persévérer malgré les plaintes, les supplications, les manipulations et les crises de colère.

Il est souvent beaucoup plus facile, sur le moment, de capituler et de donner à l'enfant tout ce qu'il demande. Cela permettrait de préparer le dîner, d'appeler un client ou tout simplement de se reposer pendant dix minutes. Néanmoins, la persévérance fait partie de l'objectif général à long terme d'élever un enfant épanoui pour en faire un adulte. Lorsque vous êtes épuisé, il vous faut de la persévérance pour refuser à votre enfant le bol de glace qu'il réclame une heure avant le dîner.

Je suis toujours occupée, mais lorsque je me sens dépassée, je me recentre et je sais que je vais m'en sortir. En même temps, je fais un zoom arrière pour repérer les problèmes structurels qui peuvent être à l'origine du dysfonctionnement.

Lorsque l'entreprise grandit mais que nous n'avons pas encore adapté la structure ou que nous avons sous-estimé la charge de travail d'un projet, j'ai parfois l'impression de sombrer. Mais il faut plutôt que je cherche des moyens de remédier stratégiquement à la situation. La persévérance ne signifie pas que vous devez vous frayer un chemin à travers des problèmes sans pour autant les solutionner. Il existe presque souvent plusieurs manières d'atteindre un objectif ; il suffit de persévérer pour trouver la bonne.

Après notre première année d'exercice, mon assistante et moi avons commencé à accroître notre chiffre d'affaires et à attirer de nouveaux clients. Le rythme s'est accéléré assez rapidement pour une si petite entreprise. Rapidement, j'ai dû engager trois coachs externes pour gérer les formations, ce qui m'a permis de prendre du recul par rapport à la production directe.

Nous avons progressé, mais la tâche était difficile sans commercial, sans équipe d'encadrement et sans les autres ressources dont nous disposons aujourd'hui. Dès notre troisième exercice, je prévoyais de doubler le chiffre d'affaires ; cependant, une forte récession a frappé cette année-là, et les clients ont considéré nos services comme non essentiels. Tout le monde ne parlait que de la crise financière et de l'effondrement des banques.

J'ai persévéré en passant de la communication et de la vente à la réponse aux besoins de nos clients. Une entreprise m'a contacté pour me demander d'internationaliser son programme de management, un service que son fournisseur actuel ne pouvait pas lui apporter. J'ai répondu que oui, nous pourrions absolument organiser une telle formation.

Mon enthousiasme mis à part, le projet a nécessité beaucoup de ressources humaines sans qu'il y ait d'énormes retombées financières à la clé. Je n'avais jamais conçu de contenu de management, et nos coachs n'avaient jamais dispensé ce type de formation. Nous avons dû concevoir et créer un programme complet de management international, mais aussi trouver et intégrer des coachs aux profils variés, le tout dans un laps de temps très court.

Mon équipe a persévéré durant de nombreuses soirées tardives. Ils ont exploité la dynamique, l'énergie, le mouvement d'ensemble et la motivation. Je considère cette réinvention comme une étape majeure, car elle a façonné l'orientation de l'entreprise. La stratégie a également ouvert un nombre considérable de portes. Aujourd'hui, la manière dont nous concevons et gérons les programmes de formation en management et en encadrement sont totalement différents de ce qu'elle était au départ, et pourtant, ces programmes sont devenus notre principale source de revenus.

Nous avons persévéré, nous nous sommes adaptés et nous avons fini par l'emporter. Cela a été incroyablement difficile, mais nous avons surmonté la tempête et redéfini l'entreprise de manière plus adéquate.

Votre aventure au cœur de la persévérance

Poursuivre avec persévérance signifie que vous avez un certain objectif. La persévérance est un gage de réussite et, sans elle, vous ne parviendrez pas à surmonter la collision entre les courbes exponentielles de la technologie et les courbes linéaires de la société.

Pour améliorer cette aptitude, vous aurez besoin d'une raison d'être claire. Retournez à l'introduction et posez les questions qui vous permettront de définir votre « pourquoi ». Vous devez également être capable d'accepter que les choses ne fonctionnent pas toujours les premières fois. Pourtant, vous continuez à chercher. Cette compétence requiert la flexibilité mentale nécessaire pour anticiper l'adversité afin de mieux l'affronter et pour adopter une attitude positive face aux obstacles.

Les listes de tâches nous aident à persévérer. Le fait de tout voir écrit et de savoir exactement ce qu'il faut faire apaise l'esprit. Sur le plan opérationnel, nous avons tous tellement de choses à faire qu'il est impossible de tout retenir de mémoire. Essayer de tout mémoriser peut nous submerger.

La gestion créative est également un excellent moyen de développer la persévérance. Lorsqu'un obstacle se présente ou que votre énergie faiblit, réfléchissez aux moyens de le surmonter, de le contourner ou de changer complètement d'itinéraire. Lorsque nous puisons dans notre « pourquoi », nous pouvons faire appel à notre cran et à notre engagement, et trouver des moyens créatifs pour passer de l'autre côté.

Dan Sullivan parle des dangers liés à l'atteinte du « plafond de la complexité ». Après avoir atteint votre objectif, ou même avant, il est important d'en fixer un nouveau pour continuer à avancer. Franchir ce plafond demande de la persévérance, et un nouvel élément à l'horizon est souvent un excellent catalyseur pour vous aider à franchir la ligne d'arrivée.

Enfin, reconnaissez votre mérite. Reconnaissez que le travail que vous effectuez est difficile, mais qu'il est également important et qu'il vaut donc la peine d'y consacrer tous ses efforts. Célébrez vos efforts même si les autres ne le remarquent pas. C'est un endroit où l'on se sent seul. Reconnaître et célébrer votre persévérance vous motivera à continuer.

Pistes de conversation Genie™ pour la Persévérance

Allez sur le site www.talk2genie.com et tapez l'une de ces amorces de conversation :
- Aidez-moi à rester engagé dans mes objectifs
- Créons un plan pour surmonter les échecs
- Je veux développer ma résilience
- Créer une routine pour la pratique quotidienne de la persévérance
- Construire un état d'esprit pour une persévérance à long terme
- Aidez-moi à rester motivé dans les moments difficiles
- Je veux maintenir ma persévérance en équipe

Conseils pratiques pour renforcer votre jeu avec la Persévérance.

Soyez réaliste, restez simple, vous êtes une rock star ☺

Ces exercices stimulants ont été conçus sur mesure pour stimuler votre persévérance et vous doter de la résilience infaillible et de l'engagement inébranlable nécessaire pour affronter les rebondissements passionnants d'un monde complexe qui évolue rapidement. Ils renforcent non seulement votre capacité à persévérer face aux défis, mais ils améliorent également votre capacité d'adaptation, vous permettant ainsi d'être mieux préparé à affronter l'environnement en constante évolution avec confiance et sang-froid.

Renforcement de la résilience :
Développez votre capacité à rebondir après un échec en pratiquant des exercices visant à renforcer votre résilience. Réfléchissez aux défis que vous avez relevés dans le passé et aux leçons que vous en avez tirées. Cultivez un état d'esprit favorable à la croissance en considérant les échecs comme des opportunités de croissance. Pratiquez des méthodes de gestion du stress telles que la méditation consciente ou des exercices de respiration profonde pour vous aider à rester calme sous pression.

Les oiseaux qui se ressemblent s'assemblent :
Entourez-vous d'un fort réseau de soutien composé d'amis, de membres de votre famille, de mentors et de collègues qui partagent le même état d'esprit de persévérance. Faites-leur part de vos objectifs et de vos défis, et demandez-leur des conseils et des encouragements lorsque vous rencontrez des difficultés. Le fait d'entrer en contact avec des personnes qui partagent vos aspirations et votre volonté peut renforcer votre motivation et vous fournir des pistes précieuses pour faire face à la complexité actuelle du monde.

Faire de l'échec un feedback :
Modifiez votre point de vue sur l'échec en le considérant comme un feedback plutôt que comme un manquement personnel. Lorsque vous rencontrez des difficultés, analysez ce qui n'a pas fonctionné et pourquoi. Utilisez ces informations

pour ajuster vos stratégies et apporter des améliorations. En considérant l'échec comme un élément naturel du processus d'apprentissage, vous serez plus enclin à persévérer et à prendre des risques calculés dans votre entreprise.

CHAPITRE QUATORZE

Prioriser et re-prioriser

Alors que je m'efforce de terminer ce livre, je me sens débordée. Deux recrutements infructueux sur des postes clés signifient que j'ai deux ou trois fois plus de travail. J'ai signé un nombre record de contrats, ce qui m'a valu plus de travail d'élaboration que d'habitude. Les clients ont repoussé des projets, ce qui a créé une pression financière, et notre expansion internationale a entraîné un nombre important de points à régler. Comme si la charge de travail supplémentaire ne suffisait pas, ma fille ne dort pas bien et a des maux de ventre.

Plus le contexte se dégrade, plus j'apprends à établir des priorités et à les redéfinir. À mesure que la pression augmente, je réévalue chaque jour mes priorités. Je réorganise également mes priorités plus souvent que d'habitude et j'intensifie ma rigueur, afin de ne pas me laisser distraire.

Compte tenu de la vitesse à laquelle le monde se transforme et évolue, l'optimisation de notre attention et de notre temps se redéfinit chaque jour, parfois même toutes les heures. Bien que notre focus principal du trimestre puisse rester inchangé, les étapes que nous devons franchir chaque jour et chaque semaine deviennent flexibles. Une liste de choses à faire pour la semaine nous aide à rester sur la bonne voie, mais le mercredi, les priorités changent et la liste a besoin d'être remaniée. Il est rare qu'un planning se déroule exactement comme prévu. La seule solution à la liste de tâches qui ne cesse de s'allonger est la priorisation et la re-priorisation.

Prioriser pour optimiser ses ressources

Le temps est une ressource qui a ses limites. Nous pouvons augmenter notre chiffre d'affaires et remplacer nos biens matériels, mais une fois que la minute s'est écoulée, nous ne pouvons plus la récupérer. C'est pourquoi il est essentiel de bien connaître sa finalité et de réserver son énergie intérieure aux actions qui vous permettront d'atteindre votre but.

Les professionnels mènent aujourd'hui des vies à multiples facettes. Nous travaillons, nous élevons des familles, nous pratiquons des loisirs, nous nous occupons d'animaux de compagnie, et bien d'autres choses encore. Nous ne pouvons pas nous permettre le luxe de fixer puis d'oublier nos priorités. Nous vivons continuellement des moments où, pour maximiser notre efficacité, ce sur quoi nous focalisons doit être réajusté.

La capacité à établir des priorités et à les redéfinir, tant au niveau individuel qu'organisationnel, est devenue encore plus essentielle au XXIe siècle. Les modifications d'agenda constituent l'une des adaptations les plus évidentes auxquelles nous devons nous soumettre. Si nous ne sommes pas capables de nous réorienter lorsque c'est nécessaire, notre ressource la plus précieuse s'épuisera. Il est si facile de se laisser dévier par la tyrannie de l'urgence, mais lorsque nous apprenons à rester focalisés sur nos priorités, nous constatons que ces urgences se dissipent ou que d'autres personnes peuvent s'en occuper.

Presque tous les clients avec lesquels je me suis entretenue au cours des quatre dernières années ont passé les deux premières minutes de notre conversation à dire qu'ils étaient complètement sous l'eau. Il s'agit d'un phénomène courant qui n'a pas de solution toute faite. Cependant, le fait de définir des priorités et de les utiliser pour gérer ses tâches et son emploi du temps vous permettra de reprendre votre souffle.

L'art de la soustraction

La notion récente de soustraction en milieu professionnel est prometteuse pour les dirigeants de grandes ou moyennes entreprises, et la belle danse de l'IA et d'autres percées technologiques nous offrent des ressources supplémentaires pour libérer du temps.

La plupart pensent que « plus » vaut plus que « mieux ». La publicité nous a convaincus qu'obtenir 30 % de plus changerait notre vie ; cependant, cette notion du « plus » a également encombré nos vies. On inscrit nos enfants à toutes les activités possibles et on remplit chaque seconde de nos vacances. Mais les dirigeants qui réussissent ont commencé à voir la valeur de la suppression.

L'établissement de priorités signifie que nous considérons uniquement ce qui est important. Quelles sont les étapes essentielles à la réalisation de ce projet ? Et plus pertinent encore, quelles sont les étapes que nous pouvons supprimer ? La soustraction nous autorise à simplifier et à combiner nos efforts. Lorsque nous nous posons ces questions pour la première fois, cela peut sembler contre-intuitif, et apprendre à dire non à des projets qui ne remplissent pas notre mission peut sembler insensé. Toutefois, cette tactique permet d'alléger nos charges et d'établir des priorités différemment. Au final, cela nous rendra plus productifs.

Au fur et à mesure que les situations évoluent, la soustraction peut nous amener à abandonner complètement certaines de nos priorités initiales. La soustraction signifie que vous vous sentirez à l'aise en identifiant trois priorités pour votre après-midi, puis en les reportant ou en les déléguant si quelque chose d'urgent se présente. Cinq sous-projets importants pourraient se réduire à deux si vous exploitez votre capacité et identifiez correctement ceux qui correspondent le mieux à votre objectif.

Je trouve utile de fixer des limites à l'équipe en ce qui concerne la durée et les sujets des réunions. Au début, ces limites peuvent sembler gênantes ou inconfortables, mais sinon, on risque de perdre le contrôle du temps, de son énergie et de son attention.

Les limites et les restrictions permettent également de pouvoir dire non. En établissant vos priorités en fonction de vos propres valeurs et objectifs, vous vous autorisez à écarter certaines personnes, d'autres objectifs ou d'autres délais. Fixer des priorités et s'y tenir permet de dissiper les nuages et de voir l'étoile polaire. Vous naviguez avec clarté vers votre destination.

La re-priorisation est un élément important de cet art de la soustraction. Nous devons apprendre à accepter de ne pas pouvoir terminer notre liste de tâches. L'environnement exponentiel dans lequel nous vivons signifie que les choses à faire sur la liste s'ajoutent plus rapidement que nous ne pouvons les traiter. À chaque ajout, ceux qui rétablissent leurs priorités ne s'en veulent pas, ne culpabilisent pas. On admet qu'on n'arrivera peut-être jamais au bout de la liste, et on ne se sent pas en échec parce qu'on a réussi à créer des priorités basées sur notre objectif.

Bien que la courbe d'apprentissage technologique semble provoquer le chaos, à mesure que nous maîtriserons la danse, nous pourrons profiter encore plus de la soustraction. Des services de transcription consignent les notes de nos réunions et des chatbots s'occupent du service client de base sur notre site Internet. De nouveaux outils interactifs apparaissent chaque jour, mais heureusement, la vitesse chaotique de cette technologie peut atténuer l'agitation qu'elle provoque elle-même. Et au fur et à mesure que de nouvelles solutions se présenteront, la nécessité d'établir des priorités et de les redéfinir sera d'autant plus forte.

La persévérance et la soustraction forment un joli paradoxe, et c'est un concept difficile à comprendre pour de très nombreux individus ambitieux. Reconnaître la différence entre persévérer dans la réalisation des priorités essentielles et abandonner les tâches qui ont été soumises à des projets plus importants est un exercice qui demande de la pratique, de la conscience de soi et de la discipline. En affinant constamment ce duo contradictoire, vous pourrez mieux naviguer dans vos agendas complexes et chargés. Vous obtiendrez plus en faisant moins, car vous serez aligné avec votre raison d'être et moins distrait par des aspects secondaires ou sans importance.

Si vous faites partie des nombreuses personnes intelligentes, talentueuses et accomplies qui ont du mal à laisser des tâches inachevées, je vous suggère de ritualiser ce type de dénouement. Laissez quotidiennement au moins une case de votre liste de tâches non cochée. Faites-le consciemment et félicitez-vous de votre capacité à soustraire.

L'art de déléguer

Je travaille avec de nombreux managers expérimentés qui craignent de mettre trop de pression sur leurs équipes. Oui, un bon dirigeant aide son équipe à éviter la surcharge et l'épuisement, mais la micro gestion et l'absence de délégation ne sont pas des moyens efficaces pour résoudre ces problèmes. En gardant trop de tâches pour soi, on laisse entendre que l'on ne fait pas confiance à son équipe pour établir des priorités ou pour dire non.

Lorsque les dirigeants forment leurs équipes aux compétences dont nous avons parlé et leur donnent la possibilité d'évoquer leur charge de travail et leurs aptitudes, nous pourrons déléguer en toute confiance et transmettre cette confiance à nos équipes.

Mon équipe a récemment accompagné un cadre supérieur qui venait d'être promu à un poste de direction. Notre cliente était pleinement impliquée, engagée et extrêmement compétente sur le plan opérationnel. Pourtant, au cours de ses six premiers mois, elle s'est continuellement enlisée dans des tâches qui n'étaient pas les siennes. Très sensible à toute réclamation de la part de ses collaborateurs concernant leur charge de travail ou leurs difficultés, elle ne leur déléguait aucune tâche complexe.

Sa démarche a ralenti des projets stratégiques essentiels. Elle a également créé des tensions avec son supérieur, qui s'est senti frustré de voir l'équipe prendre du retard dans les opérations de changement qui devaient aider le département à faire face à son rythme de croissance.

Elle a accepté avec plaisir notre offre de coaching en matière de délégation, d'affirmation de soi et de priorisation. Elle a développé de nouvelles habitudes, de nouvelles pratiques et un nouvel état d'esprit. Elle a eu quelques conversations approfondies et franches avec son supérieur au sujet de la révision systématique des priorités et du développement de la responsabilité au sein de son service. Ces conversations n'étaient pas nécessairement faciles ou confortables, mais elles ont établi un climat de confiance. En fin de compte, la formation et les conversations ont été incroyablement efficaces et bénéfiques pour elle, son supérieur et l'ensemble de l'équipe. La réalisation de leurs principaux objectifs stratégiques est désormais beaucoup plus fluide. Son équipe est motivée, car elle assume l'entière responsabilité de son travail, et elle navigue de manière beaucoup plus efficace.

Ritualiser la gestion du temps

L'un des principaux éléments de la musique et de la danse concerne les pauses intentionnelles. Tout se fige pendant un instant. Quelques personnes dans le public applaudissent faiblement parce qu'elles pensent que le spectacle est terminé ; cependant, avant qu'elles ne puissent applaudir une seconde fois, tout bascule de manière inattendue. Des intermèdes planifiés de la sorte doivent vraiment figurer dans votre agenda.

La meilleure façon de faire face au changement est d'utiliser les principes fondamentaux de la gestion du temps pour établir des priorités dans votre emploi du temps. Il s'agit notamment de laisser des zones tampons entre les engagements. Des pauses intentionnelles nous permettent de mieux apprécier l'arrivée de la prochaine réunion ou du prochain événement. En outre, elles permettent de faire face à l'imprévu.

En identifiant vos principaux objectifs, vous pouvez dégager du temps pour vous concentrer sur ces objectifs. Je vous recommande d'élaborer un rituel pour gérer votre emploi du temps. Il ne s'agit pas seulement d'une liste de rendez-vous et de choses à faire : la technologie nous offre de nombreuses options efficaces pour établir un agenda et collaborer avec d'autres personnes. Un rituel consacré à la gestion du temps vous permet d'aller plus loin en faisant le point avec vous-même, en évaluant l'adéquation de vos actions planifiées avec votre vision, et en procédant à des ajustements continus.

Depuis dix-huit ans, mon entreprise enseigne la gestion du temps et des priorités. La gestion du temps laisse la place aux préoccupations personnelles. Certaines personnes aiment redéfinir leurs priorités en fin de semaine, afin d'être prêtes la semaine suivante. D'autres préfèrent une réunion tous les lundis matin. L'un ou l'autre système fonctionne si le temps passé est bien ciblé et productif.

Quel que soit votre système, les évaluations quotidiennes, hebdomadaires, mensuelles, trimestrielles et annuelles présentent des avantages considérables. Chacune d'entre elles vous permettra de modifier vos petits pas ainsi que les plus gros blocs avec clarté et intention. Sans planification ni suivi, vous n'atteindrez pas votre objectif en temps voulu. Ce qui commence comme un plan global se divise en blocs de plus en plus petits à chaque évaluation, pour arriver au niveau des micro-tâches. Ce type de système ritualisé permet de rester productifs, car nous déplaçons, modifions ou abandonnons des tâches en fonction des besoins, chaque jour. Une tâche qui n'est pas accomplie aujourd'hui est reportée à demain ou à la semaine prochaine. Il se peut aussi que la priorité ne soit plus du tout d'actualité.

Sans rituel, l'approche sera désordonnée et les actions importantes passeront inévitablement à travers les mailles du filet. Tant que nous n'aurons pas ritualisé et profondément ancré à la fois les petites actions et la vision plus grande, nous ne saurons pas où nous allons et, par conséquent, nous ne serons pas en mesure de naviguer efficacement.

S'ancrer dans le présent

La danse offre une belle toile de fond à la façon dont nous naviguons dans cette vie trépidante. Du hip-hop aux claquettes en passant par le jazz et le ballet, chaque artiste doit rester dans l'instant présent. Si leur attention se déporte vers leur prochain mouvement, ils manqueront un tempo ou brûleront les étapes. De plus, en restant présent dans le mouvement en cours, si un autre interprète commet un faux pas, un autre peut éventuellement le rattraper. Leur priorité, c'est l'instant présent.

Lorsque le besoin de redéfinir les priorités se fait sentir, nous devons nous aussi nous focaliser sur le moment présent. Que dois-je faire maintenant pour progresser ? Si nous nous préoccupons de ce qui pourrait ou devrait arriver dans le futur, l'anxiété et un sentiment d'accablement nous envahiront.

Nous devons rêver grand et nous fixer des objectifs à long terme, mais pour les atteindre, il est essentiel de se focaliser sur l'étape qui se présente à nous dans l'immédiat. Il est important d'apprendre à gérer et différencier simultanément les priorités à court, moyen et long terme. Notre cliente qui avait besoin d'un coaching en matière de délégation en est un bon exemple. Jusqu'à ce qu'elle reçoive un soutien et mette en pratique différentes compétences, elle s'est enlisée dans la résolution de problèmes immédiats, au détriment de la planification, de l'imagination et de la conception de nouvelles solutions à long terme qui auraient pu permettre d'éviter des situations d'urgence à court terme.

Pour réussir à naviguer dans ce monde, il faut cultiver la capacité à rester en phase avec ce qui se passe dans l'instant, car cela permet de redéfinir efficacement les priorités sans se perdre dans ce qu'on est en train de faire ou dans ce qui pourrait se passer plus tard.

En quoi la re-priorisation m'a-t-elle aidée ?

Alors que je combine les rôles de mère et de chef d'entreprise, la priorisation et la re-priorisation sont mes principales aptitudes. Sans exagérer, j'utilise ce principe au moins cinquante fois par jour pour ajuster mon attention et ma liste de tâches. Il est fréquent que l'on avance ou retarde un point ou qu'on le remplace entièrement.

De plus, pour respecter le rythme des autres et conserver le mien, j'ai appris à modifier mon emploi du temps à la volée. Au beau milieu d'une conversation, j'évalue mes priorités, je change les plans et je préviens toutes les personnes qui doivent être informées de la modification. En ritualisant la planification de mes priorités, je suis désormais en mesure de l'effectuer à tout moment, en phase avec l'évolution du contexte.

Des événements inattendus se produisent quotidiennement. Les enfants tombent malades ou manquent le transport pour rentrer de l'école. Votre intention de rentrer à la maison, de préparer le dîner, de répondre à vos e-mails et de vous détendre quelques minutes est modifiée en fonction des besoins du reste de la famille. Une mauvaise journée ou une mauvaise note signifie que vous leur donnez un peu d'attention ou que vous révisez leurs devoirs au lieu d'organiser un rendez-vous téléphonique avec un ami ou de terminer la journée avec un bon livre.

Les gens se demandent souvent comment je fais pour gérer ma propre entreprise en tant que mère célibataire de deux enfants, tout en voyageant pour le travail, en organisant des fêtes d'anniversaire et tout le reste. Mon niveau d'organisation optimisé signifie que je sais toujours ce que je dois faire et comment j'envisage de le faire. Grâce à cette manière de faire, il m'est plus facile d'établir des priorités et de les redéfinir. La connaissance de l'environnement et la volonté d'adaptation me permettent de restructurer et de persévérer.

Pour naviguer dans un monde où les changements s'accélèrent et où 40 000 événements inattendus se produisent chaque jour, nous devons être prêts à renoncer à certaines choses de nos listes de tâches, ou du moins à les mettre en attente, afin de pouvoir nous focaliser sur l'essentiel. Pour établir des priorités efficaces sur la route qui mène à votre vision, vous devez savoir comment établir des priorités pour vous-même et pour votre équipe.

Les personnes sont plus importantes que les produits. La famille passe avant l'entreprise. Votre santé et votre qualité de vie méritent de figurer en bonne place sur votre liste de priorités. L'adaptation nous permet d'accélérer en ajustant notre emploi du temps et nos tâches ; cependant, le fait de connaître nos priorités nous oriente dans la bonne direction pour que nous puissions naviguer à la vitesse effrénée de ce monde numérique.

Pistes de conversation Genie™ pour Prioriser et re-prioriser

Allez sur www.talk2genie.com et tapez l'une de ces amorces de conversation :

- Aidez-moi à définir mes priorités
- Créons une routine quotidienne d'établissement des priorités
- Je veux améliorer mon processus de prise de décision
- Créer un plan pour gérer les priorités concurrentes
- Mettre en place un système de suivi et de révision des priorités
- Améliorons ma capacité à redéfinir mes priorités si nécessaire
- Je veux dire non aux tâches non prioritaires

Conseils pratiques pour renforcer votre jeu pour Prioriser et re-prioriser.

Soyez réaliste, restez simple, vous êtes une rock star ☺

Dans le monde d'aujourd'hui, où tout va très vite et où tout est interconnecté, la maîtrise de la priorisation et de la re-priorisation est un véritable superpouvoir. C'est la clé qui vous permet de vous focaliser sur ce qui compte vraiment dans le tourbillon constant des sollicitations et des opportunités. Voici trois exercices pratiques qui vous permettront d'acquérir cette compétence indispensable.

Hiérarchisation des priorités au quotidien :
Commencez chaque journée en dressant une liste de vos tâches ou priorités importantes. Soyez précis quant à vos objectifs. Tout au long de la journée, focalisez votre attention et votre énergie sur ces tâches avant de vous attaquer à celles qui sont moins critiques. Contrôlez régulièrement vos progrès et modifiez vos priorités si nécessaire. Cet exercice vous aide à rester clairvoyant et à vous concentrer sur ce qui compte vraiment.

Le fractionnement des objectifs :
Décomposez vos principaux enjeux de votre vie en tâches ou en étapes plus réduites et plus faciles à gérer. Créez une feuille de route ou un plan d'action pour atteindre chacune de ces étapes. En vous focalisant sur la réalisation de ces étapes plus petites, une par une, vous conserverez une certaine clarté et progresserez régulièrement vers votre vision.

La fixation d'objectifs adaptatifs :
Pratiquez la fixation d'objectifs adaptatifs en établissant des objectifs à court terme et à long terme. Les objectifs à court

terme doivent être flexibles et ajustables pour s'adapter aux changements dans un environnement complexe et en évolution rapide. Révisez régulièrement vos objectifs et ajustez-les si nécessaire en fonction des nouveaux défis et des nouvelles opportunités. Cet exercice vous aidera à rester focalisé sur vos objectifs tout en restant adaptable.

CHAPITRE QUINZE

Pragmatisme

Nous avons récemment clôturé un projet stratégique de grande envergure impliquant plusieurs clients indépendants situés dans des zones géographiques différentes. Au fur et à mesure que nous nous rapprochions de la clôture, nous nous sommes rendus compte que certains éléments de notre proposition étaient plus attrayants pour certaines parties prenantes que pour d'autres. Pour atteindre la ligne d'arrivée, nous avons réduit certaines des options et en avons reporté une sur une éventuelle deuxième phase du projet.

Nous savions qu'il était peu probable que les différentes parties prenantes adhèrent à tous les points de vue. Si vous attendez qu'ils s'alignent, vous risqueriez de perdre l'affaire. Lorsque nous avons présenté les modifications, nous avons insisté sur le fait que les aspects les plus importants de la proposition resteraient intacts. Même si notre entreprise perdait des revenus potentiels en ne proposant pas tous les composants possibles, il s'agissait d'un moyen pragmatique de signer l'accord et de passer à l'action.

Le pragmatisme se définit comme le fait de « traiter les choses de manière raisonnable et réaliste en se fondant sur des considérations pratiques plutôt que théoriques ». Le pragmatisme est une compétence importante aujourd'hui, car si nous nous laissons aller à la réflexion, à l'inquiétude ou à la théorisation excessive, nous manquerons des occasions importantes. Le pragmatisme nous aide à surmonter la complexité et à maintenir les projets sur la bonne voie. Liée à la soustraction, elle nous permet d'agir sur nos priorités en simplifiant et en rationalisant.

Poursuivre un objectif, c'est comme danser - vous devez quitter la coulisse et entrer sur la piste de danse pour vraiment apprécier le moment. La forme améliorera le résultat, et plus vous aurez de savoir-faire, plus les gens s'arrêteront et vous remarqueront. Mais ceux qui se laissent arrêter par la peur du ridicule et de ce que penseront les autres ne pourront pas réussir. L'esprit pratique nous fait dire que les personnes qui ne se sentent pas à l'aise passent à côté de l'essentiel.

Paralysé par le perfectionnisme

Je crois en la recherche de l'excellence, et mon équipe et moi-même mettons cette éthique au service de notre travail ; néanmoins, les extrêmes vous paralyseront à cause du perfectionnisme. Les exigences élevées ne sont réalisables que si elles ne vous empêchent pas d'aller de l'avant.

Avec un état d'esprit perfectionniste, nous continuons à peaufiner et à ajuster, mais nous n'allons jamais jusqu'à la piste de danse. C'est particulièrement risqué dans le monde d'aujourd'hui qui évolue rapidement, car les contextes, les environnements et les objectifs changent si vite qu'au moment où vous avez fini de vous perfectionner, l'occasion risque d'être manquée. D'un point de vue pragmatique, il est préférable d'asseoir le projet sur des bases solides, puis de procéder aux ajustements nécessaires au cours des premières phases. Nos meilleures idées sont souvent celles qui nous viennent en premier. Nous devrions donc agir en toute confiance en adoptant une approche pragmatique.

Seth Godin a parlé de résistance pour cause de perfection. Selon lui, « tout projet bloqué par des révisions, des réunions et un polissage général basé sur la peur est victime d'un crime. C'est un délit parce que vous volez ce travail exceptionnel à un client qui en bénéficiera. Vous cachez les bonnes choses aux personnes qui en ont besoin, par peur de ce que diront les personnes qui n'en ont pas besoin. Arrêtez de polir et embarquez. La perfection polie n'est pas meilleure que la perfection, elle est simplement plus brillante. Et en retard.[22] »

Kary Oberbrunner explique que « si vous retardez un lancement parce que vous avez peur de paraître ridicule, vous nuisez à votre futur client. Vous êtes orgueilleux, car vous vous focalisez davantage sur vous-même que sur l'aide à apporter aux autres. »[23]

Le perfectionnisme n'est pas réaliste et entrave votre pilotage. J'ai vu d'innombrables heures passées à tenter de convaincre les parties prenantes d'adhérer à un projet. Au moment de la validation finale du projet, le projet lui-même n'a plus aucune raison d'être. Dans un cas, lors d'une profonde réorganisation, nous avons travaillé dur pour un client et effectué de nombreux voyages à travers la France, avant que le directeur général ne parte et que l'ensemble du projet soit annulé.

Exploiter ses rêves

Le pragmatisme vous aide à vous adapter et à répondre à de multiples demandes concurrencées. Lorsque nous réfléchissons de manière pratique, nous repérons les aspects qui nous obsèdent et nous font perdre le nord. Le pragmatisme consiste à dévoiler le planning avant que l'ensemble de la solution ne soit élaboré.

Supposons que vous ayez dix étapes à franchir pour atteindre votre objectif. Une fois la deuxième étape franchie, vous vous rendez compte que vous ne savez pas comment réaliser la troisième. Autorisez-vous à laisser un point d'interrogation jusqu'à ce que vous en sachiez plus, avant de vous lancer et d'aller de l'avant. Souvent, un prototype plus simple permet de comprendre comment mener à bien le projet sans se perdre dans les détails théoriques ou les solutions élaborées et non testées.

Le réalisme et le sens pratique profitent à l'ensemble de l'équipe. Cela crée une boucle de feedback positive, car être pragmatique permet d'avancer, et nous nous sentons mieux quand nous progressons, ce qui renforce le désir de continuer à faire des choix pragmatiques.

Rêver grand relève plus de l'émotion que de la pratique. Il permet à votre cerveau, à votre cœur et à votre énergie de s'aligner sur une mission qui compte pour vous. Lorsque vous associez cette émotion à un pragmatisme rationnel pour identifier les actions qui vous donneront les meilleures chances de réussite, vous devenez inarrêtable. Pour aller de l'avant, il faut que les deux forces travaillent en tandem.

L'émotion nous donne de l'énergie, et le pragmatisme canalise cette énergie pour nous aider à atteindre nos objectifs. Sans focus pragmatique, vous pourriez avoir l'impression de bouillir d'anxiété non canalisée, de tourner en rond plutôt que de vous diriger vers votre objectif. Le pragmatisme permet d'exploiter notre passion en la mettant en pratique.

Devenir pragmatique

Le pragmatisme, comme toutes les compétences que nous avons évoquées, s'apprend et se pratique. Vous pouvez le cultiver pour vous-même et au sein de votre équipe. Lorsque nous nous sentons dépassés, le pragmatisme peut nous rappeler que nous ne sommes pas obligés de tout faire en même temps. Il nous indique comment diviser un objectif global en fragments plus petits et plus faciles à gérer.

Lorsque je travaille sur une proposition, je me donne à fond. Cependant, les impératifs de délai et les autres priorités m'amènent à privilégier un état d'esprit pragmatique plutôt qu'une approche perfectionniste. J'admets que certaines diapositives moins importantes seront réalisées à partir de modèles plutôt qu'à partir d'un contenu créatif personnalisé. Le fait de pouvoir réutiliser du contenu me permet de consacrer mon énergie là où elle aura le plus d'impact : sur une solution sur mesure pour le client.

Apprendre à définir l'essentiel et à passer à l'étape suivante m'a été d'un grand secours. Une proposition complète peut faire 200 pages, mais personne ne la lira. Une approche pragmatique permet d'identifier ce qui apporte la plus grande valeur et produit le plus d'impact. Parfois, c'est en réduisant votre proposition à deux ou trois éléments principaux et en vous focalisant sur l'optimisation de leur valeur plutôt qu'en multipliant les angles et les propositions que vous ferez la meilleure impression.

Se focaliser de manière pragmatique peut conduire à ce que l'on appelle parfois le produit minimum viable (MVP), une version dépouillée d'une idée qui vous permet de la lancer, de la tester, d'apprendre et d'itérer, évitant ainsi l'obsolescence instantanée.

En identifiant la valeur et en nous améliorant continuellement au lieu de chercher à atteindre une perfection impossible, nous pouvons aborder des quantités considérables de sujets, malgré l'accélération constante du travail. Si vous comprenez les concepts mais que vous vous sentez toujours dépassé, demandez-vous si vous ne théorisez pas trop ou si vous êtes vraiment pragmatique.

Comment pouvez-vous alléger ce que vous essayez de faire ? Qu'est-ce qui conviendrait à ce moment précis pour vous permettre de faire un pas de plus vers votre objectif ?

Chaque prototype nécessite un certain degré de planification conceptuelle. Cependant, nous devons également repérer le moment où les informations recueillies sont suffisantes pour mettre fin à la réflexion et passer à l'action. Nous en apprenons davantage sur nos théories lorsque nous les appliquons, ce qui permet d'apporter des ajustements si nécessaire et d'aller de l'avant.

Passer à l'action

L'approche pragmatique passe par l'action. Plus le monde va vite, plus nous devons saisir l'instant et nous mettre en mouvement - non pas de manière frénétique, mais en courant vers la ligne d'arrivée au lieu de courir sur place. L'objectif est de réduire nos préoccupations au strict minimum et d'agir plus rapidement ; l'efficacité est essentielle.

Par exemple, nous avons récemment fixé des délais très stricts afin d'obtenir plus rapidement l'adhésion des intervenants internes et de mettre au point les aspects principaux de la présentation dès le début. Nous avons fait participer dix des 150 chefs d'entreprise à une session pilote afin de tester des éléments clés du contenu et d'élaborer avec eux un projet commun en tenant compte de leurs observations. Nous avons partagé des documents numériques au lieu de faire des allers-retours avec des PDF, ce qui nous a permis de communiquer rapidement nos différents points de vue et compétences. Le projet - un programme de management très complexe visant à améliorer les compétences et à aligner les pratiques de gouvernance sur une transformation massive à l'échelle de l'entreprise - progresse avec une facilité remarquable. En quatre semaines, nous avons fait ce qui requiert souvent quatre mois dans d'autres contextes.

Si vous voulez aller de l'avant, agissez. Au fur et à mesure que vous agissez, vous obtiendrez un feedback que vous pourrez utiliser pour vous orienter. Le monde continuera à évoluer, de nouvelles données seront disponibles et vous pourrez les actualiser au fur et à mesure. Il s'agit là d'une approche pragmatique. Le pragmatisme sous-tend la capacité à collaborer avec un grand nombre de personnes. Se focaliser sur le pragmatisme et le réalisme profite à l'ensemble de l'équipe. Cet état d'esprit et cette approche vous aideront à couper court aux longues conversations et à réduire les réécritures.

La plupart des gens ont plusieurs objectifs simultanés. Pour y parvenir, il faut faire preuve de pragmatisme, ce qui implique d'établir des priorités et d'en redéfinir. Cela permet également de surmonter des obstacles imprévus et prendre des décisions constructives.

Une approche pragmatique diminue également le stress. Lorsque nous décomposons notre projet en phases opérationnelles, même si nous prenons du retard, nous pouvons observer des progrès. Chaque étape accomplie vous rapproche de votre objectif. Cela fait du bien.

Pragmatisme appliqué

Le pragmatisme aide à piloter tous les domaines de la vie, y compris le choix d'un lieu de résidence ou l'achat d'une maison. J'avais prévu d'acheter un appartement en 2022, mais lorsque la bourse a chuté, j'ai décidé d'attendre.

Au lieu de déménager, j'ai décidé d'acheter quelques accessoires et meubles pour mon appartement actuel afin de le rendre plus attrayant et de régler certains soucis de rangement. Ces achats ont amélioré ma qualité de vie, ont rendu mon appartement plus confortable et ont libéré de l'espace pour mes deux enfants en pleine croissance, tout cela sans faire dérailler mes progrès.

S'attaquer à un problème de santé exige également du pragmatisme. Vous commencez par prendre rendez-vous avec votre médecin généraliste et vous lui exposez vos symptômes. Ce professionnel peut vous recommander un spécialiste ou un examen. En prenant des dispositions pratiques, on peut trouver ce qui ne va pas. L'autre option est de théoriser et de tomber dans le piège des diagnostics sur Internet et de vous inquiéter inutilement.

Notre vie professionnelle fonctionne de la même manière. Nous devons trouver un terrain d'entente entre notre plus grand rêve, la perfection, et la réalité. Avec les clients, nous sommes parfois amenés à faire des compromis pour transformer leur vision en une solution réalisable. Le pragmatisme est productif, le dogmatisme ne l'est pas. Vous pouvez préserver vos convictions fondamentales sans pour autant que chaque décision en matière de collaboration devienne une bataille.

Le pragmatisme m'a aidé à gérer notre lieu de travail. Nous sommes au deuxième étage et, il y a plus d'un an, une fuite au cinquième étage a gagné le plafond de notre couloir qui s'est partiellement effondré. Personne n'a été blessé, mais un grand trou d'où s'échappait de l'eau est apparu au-dessus de nos têtes. Les services techniques sont venus et ont dû percer un deuxième trou pour permettre à la zone de s'assécher, ce qui, selon eux, prendrait six mois.

Lorsque la période s'est finalement écoulée, nous venions de commencer à travailler avec une nouvelle Office Manager.

Elle commençait tout juste à se familiariser avec nos flux de travail, nos projets et nos processus. Son arrivée et son intégration ont mis à rude épreuve l'ensemble de l'équipe qui essayait de faire face à une année très chargée. Le plafond a également engendré des déclarations d'assurance et des obstacles juridiques dont il fallait s'occuper - des tâches qui incombaient normalement à l'Office Manager, mais qui étaient secondaires par rapport à la nécessité de s'assurer qu'elle serait intégrée rapidement aux projets principaux. J'ai dû prendre consciemment la décision de rester pragmatique et de ne pas m'énerver. J'ai décidé de ne pas laisser le trou dans le plafond m'épuiser émotionnellement tous les jours. Nous avons un beau bureau, et le couloir défectueux n'a pas nécessité que je me focalise au détriment de préoccupations plus importantes. Nous avons donc laissé ce trou en suspens pendant six mois. L'administratrice s'est occupée des prestataires et des rénovations après avoir traité les priorités plus importantes. Cette approche était pragmatique.

Pour emprunter la voie la plus productive, il convient de s'accommoder de l'imperfection et d'accepter d'être confronté à divers obstacles au cours de son voyage. En faisant des pas vers ce qui compte et en laissant tomber le reste, même si des personnes bien intentionnées manifestent de la contrariété pour des questions d'ordre esthétique, comme le plafond d'un couloir.

Diriger avec pragmatisme

Les pragmatiques qui réussissent écoutent les experts au lieu de se laisser entraîner par leurs émotions. Ils consultent des mentors et des conseillers qui ont déjà emprunté le même chemin qu'eux. Même les danseurs et les athlètes les plus expérimentés ont des entraîneurs. Je garde à l'esprit que c'est moi qui prendrai la décision en dernier ressort. Toutefois, je sollicite un feedback adéquat pour prendre des décisions pragmatiques en toute connaissance de cause. Des décisions éclairées permettent d'adopter une position de dirigeant affirmé, car vous savez faire la part des choses et vous focaliser sur les aspects les plus importants de l'objectif à atteindre.

Lorsque vous êtes confronté à des circonstances peu idéales, vous pouvez analyser la situation afin d'identifier les points d'appui les plus pertinents. Aucune structure ne peut tout accomplir, et chacune commettra des erreurs. En revanche, si vous parvenez à exercer un encadrement pragmatique et focalisé, vous disposerez d'un avantage concurrentiel considérable et vous éviterez de vous enliser dans la complexité et la rapidité des changements.

Je pense régulièrement au proverbe qui dit : « Si vous n'êtes pas celui qui fait, ne critiquez pas ce que fait celui qui fait ». Il est facile de théoriser, de critiquer et de se plaindre lorsque les choses ne se déroulent pas comme prévu. Mais les dirigeants pragmatiques trouvent le positif. Si vous prenez ce conseil à cœur, vous attirerez des personnes pragmatiques qui vous aideront à atteindre vos principaux objectifs.

Pistes de conversation Genie™ pour le Pragmatisme

Allez sur www.talk2genie.com et tapez l'une de ces amorces de conversation :

- Aidez-moi à prendre des décisions pratiques
- Créons un plan pour fixer des objectifs réalistes
- Je veux améliorer mes compétences en matière de résolution de problèmes
- Créer une routine de réflexion pragmatique
- Élaborer une stratégie pour une gestion efficace du temps

- Je veux rester concentré sur des résultats concrets
- Aidez-moi à développer des stratégies pour un optimisme réaliste

Conseils pratiques pour renforcer votre jeu avec le Pragmatisme.

Soyez réaliste, restez simple, vous êtes une rock star ☺

Dans un monde complexe qui évolue rapidement, la capacité à faire preuve de pragmatisme est un atout précieux. Le pragmatisme consiste à prendre des décisions pratiques et efficaces basées sur les réalités d'une situation. Voici trois exercices pratiques et simples pour vous aider à renforcer votre pragmatisme et à naviguer dans ce monde dynamique avec plus d'aisance et d'efficacité.

Produit minimum viable (MVP) par la pratique :
Adoptez le concept de développement d'un produit à viabilité minimale (MVP), couramment utilisé dans la gestion des produits et des projets. Lorsque vous vous lancez dans une nouvelle initiative, commencez par identifier les principales caractéristiques ou actions qui permettront d'atteindre l'objectif principal. Développez et lancez rapidement le MVP, en recueillant les commentaires et en apportant des améliorations sur la base d'informations pratiques concernant les utilisateurs. Cet exercice encourage à se focaliser de manière pragmatique sur les éléments essentiels, ce qui vous permettra d'adapter et d'affiner votre approche sur la base d'un feedback réel plutôt que de scénarios hypothétiques, rendant ainsi vos efforts plus efficients et efficaces.

Analyse SWOT pour la prise de décision :
Incorporez l'analyse SWOT (Strengths, Weaknesses, Opportunities, Threats / Forces, Faiblesses, Opportunités, Menaces) dans votre démarche de prise de décision. Avant de faire des choix importants, procédez à une analyse SWOT approfondie de chaque option ou scénario. Identifiez les forces et faiblesses internes ainsi que les opportunités et menaces externes associées à chaque choix. Cet exercice encourage une approche pragmatique en veillant à ce que vous preniez en compte les capacités internes et les facteurs externes lors de la prise de décision, ce qui conduit finalement à faire des choix plus éclairés et plus pratiques.

Analyse de l'impact de la priorisation :
Au moment de gérer vos tâches et vos projets, mettez en œuvre une analyse de l'impact de la priorisation. Évaluez l'impact et les conséquences potentiels de chaque tâche ou projet par rapport à vos objectifs et au contexte général. Donnez la priorité à ceux qui ont le plus d'impact en mobilisant le moins de ressources ou d'efforts. Cet exercice vous encourage à aligner vos actions sur des objectifs concrets, en veillant à ce que vous investissiez votre temps et vos ressources là où ils peuvent faire une différence plus substantielle.

CHAPITRE SEIZE

Collaboration

Mon fils et deux autres élèves ont travaillé sur un projet scolaire sur l'Égypte, et j'ai collaboré avec les autres parents pour aider les enfants à bien réussir. Un groupe d'adultes les a emmenés voir une exposition sur l'Égypte au Louvre, et nous les avons tous accueillis à tour de rôle dans nos maisons. La collaboration avec ces parents a renforcé mon sentiment d'appartenance à la communauté scolaire. Mon fils et moi apprécions tous deux ces échanges.

La collaboration rapproche les gens depuis des siècles. Les rois ont utilisé les mariages arrangés pour unir les nations, les troupes alliées ont gagné des guerres, Tchaïkovski et Marius Petipa ont réuni leurs talents pour nous donner Casse-Noisette, et Rogers et Hammerstein ont créé de la beauté et rassemblé les gens en masse pour découvrir leurs chefs-d'œuvre.

Et même si nous avons appris à travailler à distance, la collaboration reste un outil de pilotage extrêmement puissant dans ce monde rapide, chaotique et souvent déconnecté qui est le nôtre. En collaborant, nous pouvons travailler de manière plus efficace et plus fiable, identifier et franchir la prochaine étape lors de la danse du travail et de la vie.

Lorsque vous regardez un couple valser ou une troupe de danse évoluer en harmonie, vous comprenez la valeur de la collaboration. Les danseurs ont un sens aigu des déplacements de chacun et travaillent en étroite collaboration - physiquement, mentalement et émotionnellement - pour produire de la beauté et de la fluidité. Cette connexion profonde est le fruit d'heures et d'années de pratique, complétées par la notion de présence au cœur de la performance.

Plus loin, ensemble

Vous avez peut-être déjà entendu la phrase suivante : « Seul, on peut aller plus vite, mais ensemble, on peut aller plus loin ». Sans collaboration, vous risquez de limiter la portée de vos actions. Les enjeux sont importants dans l'économie actuelle, et si vous ne sortez pas de votre sphère pour collaborer, vous risquez d'être rapidement dépassé. La technologie, les marchés et la compétitivité évoluent trop rapidement pour que vous puissiez les suivre seul.

Mon entreprise expérimente et collabore en permanence avec différentes entreprises du secteur technologique afin d'innover et de rester à la pointe. Récemment, nous avons créé le Love Triangle™. Il s'agit d'un cadre expérimental nous permettant d'innover et d'essayer de nouvelles idées dans un environnement de collaboration avec les clients. Le triangle représente trois parties : Le client en tant qu'utilisateur final, mon entreprise en tant qu'expert en soft skills, et une nouvelle technologie ou méthode pédagogique en tant que nouveauté. L'expérimentation et l'innovation prennent vie grâce à la collaboration entre ces trois éléments. Il nous permet de tester rapidement de nouvelles solutions pédagogiques pour voir si elles sont efficaces. Compte tenu du tempo du monde, si vous n'avancez pas rapidement vers votre objectif, quelqu'un d'autre vous devancera. Mais comme nous l'avons vu précédemment, nous visons une cible en mouvement. Vous devez non seulement aller vite, mais aussi aller loin. Les partenariats stratégiques déterminent votre succès. Votre capacité à vivre aisément dans les paradoxes de la réflexion et de la planification à court et à long terme est également cruciale.

Les jours où vous restez bloqué dans votre tête ou que les idées ne viennent pas, la collaboration vous permet de trouver un équilibre et d'innover. Elle permet également un débat constructif, car les personnes qui abordent les problématiques actuelles sous un angle totalement innovant remettent en question vos projets et posent des questions auxquelles vous n'auriez pas pensé.

La collaboration apporte de la diversité. Avec autant d'idées et d'options, nous sommes obligés de peser le pour et le contre et de fusionner les initiatives. La clé pour atteindre la ligne cible est de ne jamais être marié à votre propre idée au point de ne pas pouvoir la lâcher lorsque vos collaborateurs commencent à la transformer. Nous allons plus loin lorsque nous pouvons relâcher notre mélodie et laisser l'harmonie s'exprimer au premier plan.

Par exemple, nous avons un exercice que nous avons utilisé avec nos coachs pour préparer le lancement d'un sommet entièrement focalisé sur l'adaptabilité. Nous collaborions avec un nouveau partenaire qui proposait un exercice de réalité virtuelle surprenant et intense, et nous cherchions différentes façons de l'intégrer dans nos programmes. Onze entraîneurs se sont répartis en quatre équipes différentes et ont ensuite réfléchi à la manière d'élaborer un programme intégrant le module. En une heure et demie, le groupe a créé quatre programmes différents.

Pour aller encore plus loin, nous avons décidé de nous réunir à nouveau deux semaines plus tard et de proposer quatre idées entièrement nouvelles, en nous interdisant d'utiliser le matériel produit la première fois. En collaborant, en définissant de nouveaux paramètres et en collaborant à nouveau, nous avons relevé le défi et généré des solutions encore plus créatives et diversifiées.

Si j'avais été obligé de développer ne serait-ce qu'un seul programme par moi-même, il m'aurait été facile de me limiter à mes propres réflexions. Il aurait fallu que j'imagine toutes les personnes qui l'utiliseraient. À l'inverse, dans le cadre d'une collaboration, les gens interviennent constamment pour demander : « Et si nous ajoutions ceci à cet endroit ? Que pensez-vous de cet ajout ? Ne pourrions-nous pas essayer de cette manière ? » L'ensemble du processus devient un exercice dynamique, vivant et créatif qui permet d'atteindre un niveau de profondeur plus élevé de la manière la plus efficace possible. Je pourrais peut-être produire quelque chose plus rapidement par moi-même, mais ce ne serait pas aussi riche.

Vous pouvez essayer de tout faire vous-même, mais je pense qu'il faudrait tout un village pour gérer une entreprise et réussir dans le monde d'aujourd'hui en général. Nous avons besoin des autres pour combler les lacunes de notre expertise. Certaines questions importantes ne nous viennent jamais à l'esprit parce que nous ne les avons jamais vécues, alors que d'autres personnes les connaissent parfaitement.

Des collaborations pratiques

Il y a quelques années, notre entreprise a créé une plateforme pédagogique digitale innovante. Le processus de construction a été très complexe. Nous ne sommes pas des spécialistes de la technologie, c'est pourquoi nous avons conclu des partenariats avec différentes entreprises technologiques. Leur regard complémentaire et leur base de connaissances ont permis d'ouvrir des portes dans des domaines qui étaient jusqu'alors totalement hors de portée. Notre impact s'est accru à pas de géant et notre travail a gagné en envergure et en qualité.

Dans le monde d'aujourd'hui, vous n'avez pas besoin de développer une technologie ou de tout accomplir. En effet, cette démarche pourrait vous ralentir au point que votre idée devienne obsolète avant que vous n'ayez pu la concrétiser. Si vous n'êtes pas à la pointe de la technologie, il est facile d'en faire plus que ce que vous ne pouvez supporter. Se lancer seul peut conduire à des résultats qui ne correspondent pas à votre vision plus grande. L'avenir des entreprises réside dans la recherche de partenaires, et non dans ce que vous pouvez inventer seul.

À plusieurs reprises, nos grands comptes technologiques se sont associés à certains de leurs propres clients, voire à leurs concurrents. Il en va de même pour mon activité. Il y a quelques années, vous n'auriez peut-être jamais envisagé de vous associer à un concurrent, mais aujourd'hui, une telle collaboration peut représenter une démarche stratégique majeure. La combinaison des atouts vous permet de tirer parti de vos forces tout en comblant vos faiblesses, et vice versa, ce qui libère un énorme potentiel et de nouvelles idées que vous n'auriez jamais eues autrement.

Par exemple, la réalité virtuelle que nous avons intégrée à notre programme a été créée par un concurrent. Nous vendons des services similaires, mais nous voulions exploiter cet outil incroyablement puissant et spécifique qu'ils ont créé et qui aide les gens à comprendre comment ils réagissent sous pression. Certains clients disent qu'ils ont l'impression d'avoir suivi dix ans de formation en trois minutes, parce qu'ils en apprennent énormément sur eux-mêmes.

Nous collaborons également avec un client qui a à sa disposition un groupe de personnes à former. Nous disposons quant à nous du savoir-faire en matière de formation et de coaching. Une collaboration peut en entraîner une autre, ouvrant de plus en plus de portes et élargissant votre champ d'action. Si vous ne travaillez qu'avec votre propre matériel, vos propres compétences et vos propres atouts, vous vous limiterez. Au lieu d'essayer de tout faire seul, les collaborations permettent de réunir les ingrédients nécessaires plus rapidement et de manière plus complète. Les partenariats collaboratifs sont essentiels pour réussir dans le monde actuel, en particulier lorsque le sol se déplace constamment sous nos pieds.

Du soutien au sein de la collaboration

La collaboration comprend également la notion de soutien. Parfois, un peu de collaboration peut vous aider à franchir un cap. Il peut s'agir simplement de demander un conseil ou un avis, même si vous reprenez le travail vous-même pour résoudre le problème.

Souvent, le simple fait d'exposer une problématique à quelqu'un me donne une nouvelle source d'inspiration. D'autres fois, lorsque je ne suis pas certaine de ma position ou de la manière dont je dois me prononcer, je suis reconnaissante d'entendre ce que ferait une personne de confiance. Chaque fois que je suis confrontée à une décision personnelle importante, je m'adresse à quelques personnes qui jouent des rôles différents dans ma vie et qui viennent d'horizons différents. Questionner les autres m'a beaucoup servi.

En sollicitant l'avis de tiers pour enrichir votre propre prise de décision, vous serez peut-être surpris par les réponses. Parfois, je pense que je réagis de manière excessive, mais un ami pourra confirmer mon point de vue. Je découvre également de nouvelles idées sur la manière de gérer les problèmes.

Avoir une conversation ne vous oblige pas à suivre les conseils que l'on vous donne. Parfois, des conseils qui ne sont pas adaptés à votre situation permettent de clarifier ce que vous allez faire à la place. Des amis m'ont taquiné parce que je demandais des conseils et que je n'en tenais pas compte. De mon point de vue, le conseil mûrit mon propre processus de prise de décision. Même si je n'adopte pas leur proposition, le fait de l'entendre m'aide à formuler mon point de vue et m'indique la voie à suivre. Demander un conseil ne signifie pas qu'il faille l'accepter sans le modifier.

Être le maillon d'une communauté

La qualité de la collaboration implique de faire partie d'une communauté plutôt que de travailler de manière isolée. Notre survie même exige que nous nous départissions de notre ego et que nous prenions en compte ce qui est le mieux adapté à chacun pour aller de l'avant.

Mon équipe parle constamment de co-élévation, de co-création et de co-construction. Nous utilisons le préfixe « co », car nous avons le sentiment tangible que, grâce à cette connexion, nous surmonterons les défis auxquels le monde est confronté. Un comportement individualiste n'est jamais suffisant. Lorsque vous adoptez un état d'esprit collaboratif, vous pouvez vous connecter à une énergie plus intense. Nous nous sentons beaucoup mieux lorsque nous sommes en contact avec les autres.

Aujourd'hui, nous sommes connectés au reste du monde comme jamais auparavant grâce aux médias sociaux, à Internet, à des modes de transport express et à une communication sans faille. D'un simple clic, vous pouvez trouver d'autres personnes qui possèdent les compétences et les attributs dont vous avez besoin pour concrétiser vos idées. Ce niveau élevé de partage nous permet de collaborer de mieux en mieux.

Considérez le nombre de wikis disponibles aujourd'hui. Wikipédia se développe au rythme de deux révisions par seconde. [24] WikiTree a réuni des généalogistes du monde entier. WikiTravel, WikiHow et Wiktionary ne sont que quelques-unes des innombrables pages web qui invitent à une collaboration mondiale pour partager les connaissances et accroître la sensibilisation.

Nous évoluons vers une collaboration de plus en plus poussée qui, si nous l'exploitons à bon escient, nous permettra de nous attaquer à des problèmes gigantesques en tant que communauté.

En nous focalisant davantage sur la collaboration, nous nous engagerons sur la voie de la résolution de nos plus grands défis sociétaux et nous offrirons des lendemains meilleurs.

La collaboration montre qu'un plus un fait souvent plus que deux. Le travail en commun a un effet multiplicateur sur la réalisation d'objectifs importants, et certains résultats découlant de la collaboration sont plus importants et plus significatifs que nous ne l'aurions jamais imaginé. En nous rassemblant, nous apprenons et grandissons davantage en tant que membre d'une communauté que nous ne pourrions jamais le faire seuls.

Pistes de conversation Genie™ pour la Collaboration

Allez sur le site www.talk2genie.com et tapez l'une de ces amorces de conversation :
- Aidez-moi à améliorer mes compétences en matière de travail d'équipe
- Créons un plan pour une collaboration efficace
- Je veux créer un climat de confiance avec mon équipe
- Créer une stratégie pour gérer les conflits au sein de l'équipe

- Construire un réseau de partenaires de collaboration
- Améliorer ma capacité à contribuer à des projets d'équipe
- Je veux favoriser un environnement de collaboration

Conseils pratiques pour renforcer votre jeu à travers la Collaboration.

Soyez réaliste, restez simple, vous êtes une rock star ☺

Dans le tourbillon actuel d'un monde en évolution rapide et complexe, la capacité à collaborer harmonieusement n'est rien d'autre qu'une balise de navigation guidant les individus et les équipes vers la réalisation d'objectifs communs. Vous découvrirez ci-dessous trois exercices pratiques et immersifs conçus pour vous donner les moyens de maîtriser l'art de la collaboration et vous aider à tracer votre route dans ce contexte dynamique avec encore plus d'efficacité.

Réseaux et partenariats collaboratifs :
Développez votre réseau professionnel et recherchez des partenariats collaboratifs avec des personnes et des entreprises dans des domaines connexes ou complémentaires. Assistez à des conférences du secteur qui vous intéresse, rejoignez des forums en ligne et participez à des événements de réseautage afin de nouer des relations de qualité. Les partenariats peuvent vous permettre d'accéder à de nouvelles ressources, à de nouvelles connaissances et à de nouveaux débouchés, renforçant ainsi votre avantage concurrentiel au sein d'un monde complexe en constante évolution.

Hackathons de l'innovation :
Organisez des hackathons d'innovation ou des événements d'idéation au sein de votre organisation ou de votre société.

Invitez des participants de différents horizons et domaines d'expertise à constituer des équipes et à relever des défis ou des projets spécifiques dans un laps de temps limité, généralement de quelques heures à quelques jours. Ces sessions intenses de collaboration poussent les équipes à faire preuve de créativité, à développer des prototypes et à présenter des solutions. Les hackathons encouragent la collaboration interfonctionnelle, l'idéation rapide et la résolution de problèmes, ce qui en fait un exercice idéal pour favoriser à la fois l'innovation et un travail d'équipe efficace dans un monde complexe et en évolution constante.

Engagement bénévole et communautaire :
Participez à des activités bénévoles et à des initiatives d'engagement communautaire. Collaborer avec divers groupes de personnes sur des projets communautaires n'est pas seulement bénéfique pour votre région, mais permet également d'aiguiser vos compétences en matière de collaboration. Vous apprendrez à travailler avec des personnes d'horizons différents, avec des perspectives et des priorités variées, pour une cause commune. Le bénévolat favorise l'adaptabilité, l'empathie et une raison d'être commune - des qualités inestimables pour évoluer dans des environnements complexes et en mutation rapide. En outre, l'engagement communautaire renforce vos connexions avec les autres, créant un réseau de collaborateurs et d'alliés potentiels pour vos projets.

CHAPITRE DIX-SEPT

Apprendre et grandir

Dans presque tous les chapitres précédents, j'ai mentionné la nécessité d'apprendre et de se développer de manière continue. Dans un monde qui évolue aussi rapidement que le nôtre, si vous n'avez pas un état d'esprit d'apprentissage continu, vous resterez à la traîne.

Imaginez l'énergie qui règne dans la salle un soir de récital de l'école de danse. Parents, grands-parents, tantes, oncles et amis se réunissent pour admirer les talents en herbe. Lorsque les enfants de trois ans entrent en scène, les sourires sont légion. Même si les petits sont de parfaits inconnus, tout le monde prend plaisir à regarder leurs pitreries. Les tutus sont adorables, mais il n'y a pas de rythme ni d'unité à proprement parler. Pourtant, le public applaudit chaleureusement le petit groupe.

Plus tard dans la soirée, le rideau se lève pour laisser apparaître de jeunes filles de seize ans qui dansent depuis l'âge de trois ans. Les cheveux sont parfaitement coiffés, les costumes repassés à la perfection, leurs déplacements aériens et leurs pas gracieux vous coupent le souffle. Elles se synchronisent parfaitement et chaque mouvement donne vie à toute la musique sous vos yeux.

Les plus brillantes de ces élèves plus âgées peuvent recevoir une ovation à la fin. Mais sans le perfectionnement de leur technique ni chorégraphies supplémentaires, nous n'entendrions qu'un ou deux battements de mains superflus. Danser avec grâce nécessite un apprentissage de nouveaux mouvements, de nouvelles figures et de nouveaux pas. De la même manière, danser avec le chaos nécessite une croissance résultant de l'apprentissage et du désapprentissage - l'apprentissage des compétences que nous avons décrites jusqu'à présent et le désapprentissage de choses qui ont pu être utiles dans le passé, mais qui ne sont plus d'actualité.

Les risques liés à l'absence d'apprentissage et de croissance

L'apprentissage et la croissance sont les fondements de toute entreprise, et bien qu'il puisse sembler s'agir de compétences ancrées, chaque information ajoutée à notre arsenal nous permet de naviguer plus clairement et de rester en phase avec les changements exponentiels de la vie. Certains disent que soit on grandit, soit on meurt, et dans le monde des affaires, cela signifie que soit on s'agrandit, soit on se rétrécit. La seule autre option est la mort.

Je fais du coaching et de la formation depuis 2005, alors évidemment, j'ai une passion pour la formation continue. Les effets du manque d'éducation sont visibles partout dans le monde. L'analphabétisme entraîne des taux de mortalité plus élevés et une durée de vie plus courte. Même aux États-Unis, le manque d'éducation est directement lié à une mauvaise santé. [25] Dans les pays étrangers, des mères ont, sans s'en douter, confié leurs enfants à des trafiquants parce qu'elles ne savaient pas lire le document qu'elles signaient. Ces mères étaient convaincues que leurs enfants seraient parrainés par une famille américaine pour recevoir une bonne éducation et qu'ils seraient ensuite renvoyés avec la promesse d'un avenir radieux. L'éducation la plus élémentaire aurait évité à ces familles de grandes souffrances.[26]

Si les risques liés au refus de se développer ne sont pas aussi graves pour les dirigeants d'entreprise, la probabilité de conséquences indésirables est tout aussi élevée. Le Magazine Entrepreneur affirme que « les entreprises qui ne se développent pas ne survivent pas ... Si la croissance n'alimente pas les flammes de votre succès, votre entreprise risque de ne pas durer longtemps ». Ils ajoutent que la croissance est synonyme de flux de trésorerie plus rapides.

Trop de mouvements et de courants négatifs dans la société trouvent leur origine dans l'ignorance. Et malheureusement, parmi les millions de données ajoutées quotidiennement, peu y contribuent. L'éducation nous permet d'éviter de succomber au problème croissant de la propagande et de l'influence malveillante de dirigeants charismatiques mais mal intentionnés. Sans un esprit tourné vers l'apprentissage et la croissance, les gens risquent de se faire piéger par des arnaques dangereuses ou de se faire exploiter d'une manière ou d'une autre.

Si nous ne nous formons pas, si nous ne grandissons pas et si nous ne nous mettons pas au défi de nous élever ensemble, nous nous exposons à des forces négatives à grande échelle sur le plan social, écologique et militaire. Notre monde pourrait facilement échapper à tout contrôle, c'est pourquoi la formation et la croissance représentent une forme de gestion des risques.

D'une part, nous avons un potentiel énorme. Nous pourrions guérir le cancer et toutes les autres maladies horribles.

Nous pourrions prolonger l'espérance de vie de centaines d'années. Nous pourrions résoudre le problème de la faim dans le monde. D'un autre côté, une attaque bioterroriste pourrait anéantir la planète entière, nous pourrions ne pas lutter contre le changement climatique et rendre la planète invivable, ou nous pourrions laisser la démocratie tomber aux mains de dictateurs. Si vous ne participez pas activement à la promotion de la croissance par l'apprentissage et le développement, vous ne rendez pas service au monde.

Les moyens pour se former et grandir

La croissance et la formation vont de pair. L'un favorise l'autre dans un cycle merveilleux. Mais la formation qui favorise la croissance ne se limite pas à la collecte d'informations. Il s'agit de développer de nouveaux comportements, de nouvelles mentalités et de nouvelles compétences et de les mettre en pratique dans la vie.

Certains apprennent mieux en entendant ou en regardant, tandis que d'autres ont besoin de toucher ou d'agir. Les informations qui conduisent à de nouveaux comportements et à de nouvelles mentalités s'accompagnent généralement d'un attachement émotionnel. Chaque fois qu'une idée a de l'importance ou qu'elle procure une certaine gratification, il est plus facile de l'assimiler. Quoi qu'il en soit, la pratique permet d'apprendre presque tout.

Ces comportements, ces mentalités et ces pratiques de communication sont les soft skills auxquelles mon entreprise se consacre. Lorsque les gens utilisent les outils que nous proposons, je les vois apprendre et progresser devant mes yeux. Les soft skills nécessitent une pratique concrète - je ne peux pas me contenter de présenter des concepts à quelqu'un ou de lui expliquer la théorie qui sous-tend la méthodologie et le renvoyer chez lui. Ils doivent s'exercer dans un cadre favorable avec l'aide d'un coach, puis expérimenter la mise en œuvre de ces principes dans le contexte de leur vie professionnelle.

Récemment, un cadre supérieur, malgré sa grande expérience, a eu besoin d'une formation et d'un accompagnement pour intégrer les soft skills dans sa pratique quotidienne afin de pouvoir se ressourcer et naviguer dans un environnement de travail en pleine mutation. Dans un scénario plus simple et linéaire, les participants avaient bien manœuvré, mais ils avaient désormais besoin d'aide pour progresser au sein d'une structure complexe, en mouvement rapide et en perpétuelle évolution.

Leur nouvel environnement a nécessité un réoutillage de leurs compétences existantes, ainsi qu'un apprentissage et une croissance pour approfondir leur compréhension. Ils ont découvert de nouvelles façons de gérer le chaos des exigences quotidiennes tout en gardant à l'esprit leur raison d'être et leurs objectifs à long terme. Une partie de la stratégie consistait à trouver le moyen de cultiver une plus grande autonomie au sein de leur équipe, afin de minimiser le besoin d'encadrement pour que les dirigeants puissent garder la tête hors de l'eau.

Cultiver ces compétences en tant que dirigeant vous permet d'enseigner et d'encadrer les personnes que vous encadrez, afin qu'elles deviennent plus efficaces, autonomes et résilientes, amplifiant ainsi leur impact et le vôtre, tant au niveau individuel que collectif. Les soft skills ne sont pas du tout « non techniques ». Bien que comportementaux, ils sont concrets et mesurables.

Le très beau cycle de l'apprentissage et de la croissance

L'apprentissage est l'apport ; la croissance est son résultat. Lorsque nous grandissons, nous relevons les défis plus efficacement, nous résolvons les problèmes plus rapidement, nous assumons plus de responsabilités et nous avons un impact plus important. Le processus de croissance nous permet de nous développer et produit de la valeur lors de sa mise en œuvre. Il y a de la joie, de la paix et de la sérénité dans ce cycle qui se perpétue.

La croissance doit également être en phase avec les objectifs que vous vous êtes fixés. Comparés à ceux d'il y a dix ans, les emplois d'aujourd'hui ont changé de manière spectaculaire. Vous pouvez vous trouver dans le même secteur et exercer un travail analogue, mais la manière dont vous le faites et les compétences requises ont évolué. Ce type de changement n'est pas près de disparaître. Si vous voulez être en mesure de suivre le rythme de l'accélération, vous devrez devenir un apprenant plus habile et rester ouvert à l'amélioration continue.

Souvent, nous grandissons en essayant d'atteindre un objectif. Que nous l'atteignions ou non, c'est l'effort qui alimente la croissance. En sortant de votre zone de confort, c'est-à-dire en vous éloignant des choses auxquelles vous êtes habitué, avec lesquelles vous êtes à l'aise et que vous maîtrisez, vous grandissez.

La croissance se produit également lorsque des événements majeurs et inattendus se produisent. Même les expériences négatives, pleines d'adversité, offrent des opportunités de décider comment on peut réagir. Grandir, c'est se montrer à la hauteur de la situation, une notion qui rend compte de l'expansion qu'implique la croissance. Vous êtes toujours dans le même corps, mais vous devenez plus grand.

La croissance entraîne la transcendance, ce qui procure un sentiment de sérénité et de paix. Elle vous aide à franchir les limites physiques du temps et de l'espace. Il s'agit de votre cerveau et de votre corps, mais il n'y a pas de limite à ce que vous pouvez apprendre ou à ce que vous pouvez développer.

L'évolution rapide du monde exige que nous apprenions, désapprenions, et que nous nous développions en permanence. Les exigences professionnelles évoluent presque quotidiennement, tout comme les stratégies de gestion des entreprises. Acquérir les soft skills décrits dans ce livre et se défaire des habitudes qui ne vous sont plus utiles est essentiel au développement personnel et professionnel à l'ère de la technologie.

Une partie de l'apprentissage consiste à rafraîchir et à renforcer constamment nos compétences. Vous avez besoin de toute une gamme d'outils, car vous ne saurez jamais lequel ou quelle association d'outils vous devrez utiliser à un moment donné. Vous pouvez vous préparer à cette incertitude en nourrissant constamment le désir de vous former.

Lorsque vous nourrissez consciemment votre appétit pour la formation, celui-ci se développe de lui-même. Le fait de voyager dans un pays étranger suscite l'envie d'en visiter un autre. La maîtrise d'une compétence nous incite à l'appliquer dans un nouveau contexte ou à en maîtriser une autre. Une fois que vous aurez ouvert la porte à l'apprentissage et à la croissance continus, vous constaterez qu'il s'agit de l'un des meilleurs moyens de profiter de ce monde en limitant la résistance et la surcharge.

L'état d'esprit du développement constant vous amène à apprécier le rythme actuel du monde et à danser avec lui. Plus vous apprendrez et évoluerez, plus il vous sera facile de faire face aux multiples aspects, aux imprévus et aux changements rapides qui surviennent. Se focaliser sur la formation et la croissance est l'un des meilleurs antidotes aux sentiments d'épuisement, de débordement, de frustration et de fatigue, car cela permet de cultiver un sentiment de sérénité au sein de la grande complexité.

Les méthodes de formation varient d'une personne à l'autre. Certains se développent mieux avec un coach.

D'autres apprennent à partir de documentation, de livres et de la technologie. La méditation et le yoga peuvent vous aider à libérer votre esprit pour faire place à de nouvelles idées, et les instruments ou les nouvelles activités physiques peuvent vous stimuler, ce qui permet d'ouvrir la porte à davantage de connaissances.

Diffuser l'envie d'apprendre et de grandir

L'apprentissage et la croissance vous aideront à atteindre vos objectifs à court, moyen et long terme. Sans apprentissage et sans croissance, vous régresserez. Cultiver un état d'esprit valorisant la formation et la croissance, c'est comme développer des papilles gustatives pour savourer des plats succulents. C'est extraordinairement satisfaisant, appréciable et agréable. Profitez de cette chance.

Il ne s'agit pas seulement de vous. Le monde d'aujourd'hui repose sur la notion de connexion. Chacun doit s'engager dans le changement à des degrés différents, car les enjeux sont importants et nécessitent une adaptation et une évolution. En apprenant et en grandissant, vous devenez un modèle pour les autres, favorisant la co-élévation si essentielle pour sauver ce monde. Nous influençons tous les gens qui nous entourent. Ceux qui vous regardent et vous admirent verront votre soif de connaissances et votre implication pour progresser. Vous participerez ainsi à la transmission de comportements constructifs au sein de votre communauté et dans le monde entier.

L'une de mes valeurs fondamentales est de veiller à ce que mes enfants voient, entendent et parlent d'apprentissage et de progrès. Ils me regardent régulièrement découvrir de nouvelles choses. Nous avons une culture axée sur l'amélioration continue. Je modélise ce comportement et je le nomme afin qu'ils puissent l'appliquer dans leur vie et continuer à le transmettre dans une boucle de feedback positif.

La formation permanente n'est pas seulement un slogan des ressources humaines. Il se répand dans les réseaux personnels et professionnels pour de bonnes raisons. Nous devrions la promouvoir comme étant une pratique qui se développe organiquement. Si je suis un modèle pour mes enfants et mes collègues, ils le seront à leur tour pour les personnes qu'ils connaissent. Vous pouvez faire de même dans votre propre réseau et, ensemble, nous pouvons contribuer à développer cette force de positivité dans le monde.

Pistes de conversation Genie™ pour Apprendre et grandir

Allez sur le site www.talk2genie.com et tapez l'une de ces amorces de conversation :

- Aidez-moi à identifier mes objectifs d'apprentissage
- Créons un plan de développement personnel
- Je veux prendre l'habitude d'apprendre en permanence
- Créer une routine pour le développement des compétences
- Créer un réseau pour l'apprentissage et la croissance
- Réfléchissons à mes expériences d'apprentissage
- Je veux surmonter les défis de l'apprentissage

Conseils pratiques pour renforcer votre jeu pour Apprendre et grandir.

Soyez réaliste, restez simple, vous êtes une rock star ☺

Dans notre monde contemporain en constante évolution, la poursuite de l'apprentissage continu et du développement personnel n'est plus seulement une option, mais une nécessité pour rester à la fois pertinent et hautement efficace. Vous découvrirez ci-dessous trois exercices pratiques conçus pour vous aider dans votre démarche d'amélioration de l'apprentissage et de la croissance. Ces exercices vous fournissent les outils nécessaires pour traverser cet environnement en constante évolution qu'est notre monde dynamique, avec une facilité et une efficacité accrues.

Le défi de la lecture élargie :

Lancez-vous le défi de lire régulièrement et de diversifier vos lectures (ou vos vidéos si vous préférez regarder ou écouter plutôt que lire). Fixez-vous comme objectif de lire un certain nombre de livres, d'articles ou de rapports de recherche chaque mois. Choisissez des sujets qui élargissent vos connaissances et vos intérêts, y compris des sujets qui se situent en dehors de votre zone de confort. Cet exercice encourage la curiosité intellectuelle et favorise la formation tout au long de la vie. En vous exposant régulièrement à de nouvelles idées et perspectives, vous resterez adaptable et bien informé dans un monde où les connaissances évoluent constamment.

Mentorat et mentorat inversé :

Recherchez le mentorat de personnes qui possèdent une expertise ou qui ont vécu des expériences que vous estimez et dont vous souhaitez vous inspirer. En outre, envisagez de vous impliquer dans un mentorat inversé, qui consiste à encadrer une personne d'une génération ou d'un milieu différent. Le mentorat offre des possibilités d'apprentissage et de croissance mutuels. Votre mentor peut vous offrir des conseils et des idées précieuses, tandis que le mentorat inversé vous permet d'obtenir des perspectives et des idées nouvelles de la part des mentorés. Cette double approche du mentorat favorise le développement personnel, l'adaptabilité et une meilleure compréhension des divers points de vue dans notre monde en constante évolution.

Défis en matière de compétences pour une croissance continue :
Les défis ou projets axés sur des compétences spécifiques constituent un moyen dynamique d'améliorer vos capacités et de favoriser votre développement personnel. Que vous soyez un graphiste en herbe ou un codeur chevronné, adaptez vos défis à votre domaine d'expertise. Par exemple, si vous êtes graphiste, plongez-vous dans la tâche de créer un nouveau design chaque jour pendant un mois entier. Ces défis en matière de compétences vous offrent non seulement des possibilités de pratique structurée, mais constituent également un terrain fertile pour l'expérimentation et l'innovation dans le domaine que vous avez choisi. En relevant constamment de tels défis, vous ne vous contenterez pas d'affiner vos compétences, mais vous développerez également un esprit d'apprentissage perpétuel et de perfectionnement, des qualités indispensables pour prospérer dans notre monde en constante évolution.

CHAPITRE DIX-HUIT

Ralentir

D ans chaque spectacle de danse ou de musique, le programme comprend une variété de compositions conçues pour offrir au public une expérience émouvante. Après des passages comprenant des pirouettes et des sauts, des rythmes rapides et des crescendo entraînants, le maestro insère stratégiquement une pause - une interruption momentanée de la musique ou un morceau lent pour vous préparer à la prochaine étape de la performance. Pour naviguer efficacement et danser dans le chaos, nous avons besoin de ce type de pauses.

Tout au long de ce livre, j'ai parlé de l'évolution rapide de ce monde aux multiples facettes. Les différentes dimensions s'entrecroisent, créant complexité et chaos. Après toutes ces discussions sur l'accélération et le maintien de la cadence, vous pourriez penser que je plaide pour que vous accélériez.

En réalité, je veux vous aider à cultiver ces compétences afin que vous disposiez des ressources nécessaires pour ralentir.

Dans ce monde de montagnes russes, les systèmes qui vous obligent à décélérer, à réfléchir clairement et à arrêter votre mouvement interne sont essentiels. Un coach m'a dit avec sagesse que pour aller vite, il fallait aller lentement. Comprendre ce paradoxe vous permettra de respirer, de faire des pauses appropriées et de trouver un espace productif plutôt que frénétique.

Ralentir pour mieux accélérer

Le monde moderne peut être accablant. Pour réussir, il faut développer les aptitudes qui vous permettront d'agir avec intention plutôt qu'avec rapidité. Certaines décisions nécessitent une réflexion plus longue et plus approfondie. Certains problèmes doivent être étudiés. Vous avez peut-être besoin de vacances ou de vous déconnecter de vos e-mails pendant une semaine.

Ralentir peut signifier s'accorder une pause dans son quotidien ou prendre le temps de mieux se focaliser. Cela signifie généralement qu'il faut faire de la place pour s'écouter soi-même, écouter son équipe ou écouter sa famille. Il se peut que vous ayez simplement besoin d'une tasse de café au milieu de la matinée pour discuter de manière pertinente d'un sujet important pour vous, au lieu de sauter d'un sujet à l'autre sans atteindre vos objectifs.

Certaines personnes prennent du recul en allant voir un film, en s'allongeant sur la plage ou en trouvant une autre forme de détente. Pour d'autres, il suffit de ramener le nombre de leurs projets de dix à trois.

Plus que la création d'un espace dans le temps, le ralentissement implique une action délibérée précédée de clarté et d'intention plutôt qu'une réponse frénétique.

Imaginez que vous conduisiez une voiture sous une pluie torrentielle. Êtes-vous le genre de personne qui ralentit, quitte la route ou accélère en cas d'aquaplaning ? La plupart d'entre nous pensent que cette troisième option est dangereuse. Pourtant, de nombreuses personnes vivent leur vie de cette manière.

Tout va si vite qu'il est parfois difficile de voir où l'on va. Ralentir nous aide à traverser les périodes difficiles et à voir la route plus distinctement. Si vous n'arrivez pas à ralentir dans votre vie professionnelle et privée, cela pourrait s'avérer tout aussi catastrophique que la perte de contact de vos pneus avec la chaussée.

Oui, il y aura toujours des moments où nous devrons rester focalisés et aller vite. Comme la personne qui conduit le camion de pompiers ou l'ambulance, ou un coureur qui essaie de progresser dans la course. Cependant, si nous sommes constamment dans ce mode de lutte à forte énergie, nous nous épuiserons rapidement. Rétrograder modifie notre façon de respirer, élargit notre perspective et permet même à notre cerveau d'être mieux oxygéné. Des études montrent qu'une grande inspiration avant une activité cognitive tend à améliorer les performances.[27]

Ralentir pour amplifier la courbe d'apprentissage

Si vous ne prenez jamais le temps de prendre du recul, vous ne serez pas en mesure de voir vos propres réalisations. De plus, vous risquez d'ignorer les changements plus subtils de notre monde en constante évolution et de manquer une occasion de vous adapter.

Il est essentiel de ralentir lorsque nous apprenons une nouvelle compétence. Pensez à toutes ces fois où vous avez essayé d'apprendre à un enfant à manier une raquette de tennis, à écrire ses lettres ou à enfiler des perles. Au départ, ils veulent faire aussi vite et aussi bien que leur instructeur, mais cela conduit à la frustration et inhibe en fait leur capacité à réaliser la tâche. D'autre part, les enseignants qui ralentissent leurs gestes ou divisent la leçon en plusieurs parties donnent aux enfants la permission de prendre leur temps et de se concentrer sur l'imitation du mouvement lent. Inévitablement, ils acquièrent la nouvelle compétence assez rapidement.

Lorsque ma fille a commencé à apprendre à enfiler des perles, elle pensait qu'elle ne parviendrait jamais à avoir la vitesse et la dextérité que je possède ; cependant, après s'être entraînée à un rythme lent et régulier une dizaine de fois seulement, elle peut maintenant créer de magnifiques bijoux avec aisance.

Ralentir renforce notre capacité d'apprentissage. Cela nous donne de l'espace pour mémoriser de nouvelles informations et nous permet d'être plus précis à long terme. Tous les micro gestes de l'apprentissage au ralenti sont mis en œuvre lorsque vous accélérez.

Considérez notre conception de la danse. Lorsque même les professionnels les plus brillants apprennent une nouvelle chorégraphie, ils la répètent étape par étape. Souvent, il n'y a pas de musique, mais seulement le compte rythmique de l'instructeur. Les premières répétitions se font plus lentement que le tempo final. Mais au fur et à mesure que chaque motif est conquis, la troupe accélère jusqu'à ce qu'elle puisse enfin parcourir la totalité de l'œuvre avec un orchestre. Ce qui n'était au départ qu'un exercice de discipline devient un objet de toute beauté.

Se fixer son propre rythme

Comme pour toutes les compétences, certaines sont plus naturelles que d'autres. Heureusement, ralentir peut être aussi simple que de se réserver du temps dans son emploi du temps. Cela implique généralement d'utiliser son agenda pour donner la priorité à des moments spécifiques afin d'être pleinement présent dans le moment et s'ouvrir à de nouvelles perspectives.

Le ralentissement doit être intentionnel et, parfois, le meilleur moyen d'y parvenir est de recourir à des rituels. Ceux-ci peuvent changer au fil du temps ; cependant, le fait d'identifier et de s'impliquer dans ces moments de repos et de calme vous permet de ne pas perdre de vue votre raison d'être. Certains pratiquent la méditation, d'autres prévoient des intervalles quotidiens pour lire ou profiter de la nature.

Chaque année, je voyage à l'étranger pour me rendre d'un domicile à l'autre. Ces voyages offrent de formidables occasions, certes contraintes, de ralentir. Le voyage Paris-Miami m'offre dix heures pour décompresser, me déconnecter du WiFi et lâcher prise.

Chacune des compétences que j'ai mentionnées nécessite une pratique continue et contribue à définir la façon dont j'organise mon emploi du temps. Certains jours, il s'agit d'aller de l'avant et de faire preuve d'une plus grande vitalité et d'une plus grande endurance. Mais je dois aussi prendre le temps de ranger, de déléguer, d'expliquer et de régler les derniers détails. Le temps libre est la période la plus difficile à planifier pour les entrepreneurs.

Nos entreprises ont constamment besoin de notre attention, et si vous aimez ce que vous faites, il se peut que vous ne vous rendiez même pas compte de la quantité ou de l'intensité de votre travail. Quoi qu'il en soit, il est impératif de couper les liens et de ralentir de temps en temps.

Mes enfants et moi avons l'habitude de nous adonner à une matinée de paresse chaque week-end. Nous apprécions de pouvoir passer une journée sans être pressés de nous habiller et de sortir. Si tout le monde mérite une journée de paresse sans culpabilité de temps en temps, ces journées sont particulièrement précieuses lorsque vous avez des enfants à la maison.

Quelle que soit la stratégie que vous utilisez, organisez ces moments de ralentissement. Lorsque je suis à Miami, je profite du décalage horaire. L'après-midi en Floride, la journée de travail à Paris est terminée. Je peux alors prévoir du temps libre ou travailler sur des projets qui nécessitent une réflexion plus approfondie et ininterrompue.

Trop souvent, nous nous retrouvons à courir dans dix directions à la fois. Pourquoi refusons-nous de nous offrir le luxe de ralentir ? En réalité, nous finissons par avoir plus d'énergie lorsque nous nous accordons un peu de répit. « S'arrêter pour sentir les roses » est peut-être un vieux cliché, mais ce concept est essentiel si nous voulons pouvoir apprécier la danse dans ce monde chaotique.

Si nous ne cultivons pas la pratique du ralentissement intentionnel, le monde nous aspirera dans le vortex de sa vitesse. Les plus ambitieux peuvent se retrouver sous l'eau pendant des années.

En plus des journées libres, nous avons besoin de moments libres. Comme je l'ai mentionné plus haut, certains ont recours à la méditation, tandis que d'autres tiennent un journal ou s'arrêtent simplement pour prendre une tasse de café au calme. J'aime prendre le temps de m'étirer pendant dix minutes chaque matin avant que mes enfants ne se réveillent. Je me focalise sur mes mouvements et je fais le vide dans ma tête. Cela favorise la circulation et me permet de rester souple. De plus, cette pratique ancre mon esprit, ce qui me permet de commencer la journée dans un meilleur état d'esprit.

Notre partenaire, AQai, commence chaque réunion par une pratique de focus positif. Au début, je me suis sentie impatiente et j'ai voulu passer tout de suite aux choses sérieuses. C'est agréable d'entendre les commentaires positifs de chacun, mais cela semble dissocié du travail réel. Avec le temps, cependant, je me suis rendu compte que cette pratique permettait non seulement de rassembler tout le monde dans un environnement d'énergie positive, ce qui est important, mais aussi de ralentir le rythme. Après s'être précipités dans une réunion, les participants bénéficient de quelques minutes pour être bien présents. Vous bénéficiez d'un mental plus positif et d'un meilleur ancrage, et les moments que vous consacrez à cette pratique permettent en fin de compte d'accélérer le déroulement de la réunion.

Ralentir pour ceux que nous aimons

J'ai récemment passé une soirée mémorable avec ma fille Marianna. C'était la fin d'une semaine longue et intense pour nous deux. Avec James en centre de vacances dans le nord-est, elle a vécu sa première semaine de centre aéré américain et, contrairement à son école française, elle n'a pas eu droit à la sieste. Le vendredi, elle était grognon et en plein désarroi.

Pendant ce temps, je jonglais avec le décalage horaire entre mes clients et moi, mais aussi avec la course effrénée du monde français pour boucler les projets avant le début des vacances. Ma fille de cinq ans et moi, âgée de quarante ans, abordions le week-end fatiguées et électrisées - pas dans le bon sens du terme.

Le samedi soir. Je lui ai dit : « Allons au cinéma voir *Les Minions* ». Cela lui a paru génial. Nous nous sommes habillés et avons pris un Uber pour aller au cinéma.

Nous étions tellement dans l'instant que, pendant un certain temps, rien d'autre n'existait. Parfois, on peut créer ces moments, parfois ils se produisent d'eux-mêmes. La nuit aurait pu être chaotique et pleine de crises de colère. J'aurais pu m'énerver contre quelqu'un dans la salle de cinéma. Il y avait des millions de façons de se tromper, mais cette simple occasion est devenue spéciale parce que nous avons ralenti la cadence.

Nous n'avons rien réinventé, mais l'expérience a été enrichissante du début à la fin. Elle trouvait amusant d'acheter les billets à la borne et d'appuyer sur tous les boutons. Même le fait d'acheter du pop-corn était excitant. Le film lui-même était hilarant. Nous avons ensuite pris des photos des personnages, puis nous nous sommes promenées dans la nuit chaude de Miami pour aller chercher une glace. Marianna s'est arrêtée pour danser avec une statue de Transformer que nous avions trouvée, et nous avons passé une soirée sans précipitation et sans chorégraphie particulière, pleine de souvenirs.

Envoyer des propositions et répondre à des appels téléphoniques ne m'a jamais traversé l'esprit, et je n'ai pas pensé à la vaisselle que nous avions laissée dans l'évier. Nous avons simplement profité l'une de l'autre et de l'instant présent. Cela peut paraître banal ou idiot, mais emmener un enfant de cinq ans voir un film et manger une glace m'a donné de l'énergie et un sentiment de magie que j'ai adoré. C'est ce que produit le ralentissement : il donne de l'énergie de manière positive, paisible et sereine pendant une longue période.

Ralentir pour soi-même

En fin de compte, maîtriser les tenants et les aboutissants de cette période de transition et de transformation que nous vivons se résume à quelques principes de base, tels que la nécessité de profiter de la vie. Mon objectif est de vous aider à apprendre à danser et, soyons honnêtes, la danse doit être un plaisir.

Vous avez certainement déjà dansé avec la personne de vos rêves et ressenti ce sentiment magnétique ou passé une soirée avec des amis à danser, ne serait-ce qu'un peu maladroitement, sur une piste de danse encombrée. Heureusement, la danse ne doit pas toujours être esthétique, mais elle doit nous faire rire ou nous laisser des souvenirs heureux. Sans cette sensation magique ou ce sentiment de joie, à quoi bon ? Pourquoi apprendre à danser si vous ne pouvez pas vous amuser ?

Peut-être n'aimez-vous pas danser ? Danser avec le chaos n'est pas une option. Tout le monde se retrouve sur la piste de danse, mais si nous connaissons la gestuelle, nous ne nous laisserons pas bousculer par la foule et nous trébucherons moins sur nos propres pieds.

Ralentir permet de lutter contre le sentiment d'accablement. Par exemple, l'une de mes amies a récemment divorcé, mais beaucoup d'autres événements se sont produits en même temps dans sa vie. Avoir quarante ans, voyager à travers le monde et chercher des appartements n'était que le prélude à la danse. Elle avait prévu de déménager un peu plus loin, mais a ensuite décidé de s'installer en dehors de l'État. Le premier appartement qu'elle a trouvé semblait parfait, mais le fait de vouloir l'obtenir avant que quelqu'un d'autre ne signe le bail lui a mis la pression. Elle n'avait pas encore terminé ses voyages, et un voyage pour rendre visite à sa famille et retrouver son petit ami de l'université était également à l'ordre du jour.

Elle a décidé de ralentir et de redéfinir ses priorités. Après mûre réflexion, elle a pris des décisions fondamentales qui lui ont donné un sentiment de sécurité et de confiance.

Ralentir peut nous apporter une grande clarté sur ce qui compte le plus pour nous - personnellement, professionnellement, en tant que citoyen de votre communauté et du monde. Créer des moments de ralentissement génère du sens et procure une vie qui vaut la peine d'être vécue. Toutes les compétences présentées dans ce livre découlent de l'esprit de collaboration, de co-élévation et de la joie. Plus le monde va vite, plus il est important de se ménager des temps de pause.

Pistes de conversation Genie™ pour Ralentir

Allez sur www.talk2genie.com et tapez l'une de ces amorces de conversation :
- Aidez-moi à développer une pratique quotidienne de la pleine conscience
- Créons une routine pour me détendre après le travail
- Je veux apprendre à prioriser le self-care (soins personnels)
- Créer un plan de réduction du stress
- Créer une habitude de désintoxication numérique
- Améliorons ma capacité à apprécier les moments de calme
- Je veux être plus présent dans l'instant

Conseils pratiques pour renforcer votre jeu en sachant Ralentir.

Soyez réaliste, restez simple, vous êtes une rock star ☺

Au milieu de l'agitation et des complexités du monde interconnecté d'aujourd'hui, savoir ralentir apparaît comme une aptitude inestimable, qui non seulement enrichit le bien-être personnel, mais accroît aussi l'efficacité. Découvrez ci-dessous trois exercices pratiques méticuleusement élaborés pour développer cette aptitude, qui vous permettra de naviguer avec grâce sur les courants rapides et les routes sinueuses de notre monde rapide et complexe, tout en conservant votre calme et en améliorant votre efficacité.

Immersion dans la nature :
Passez du temps en pleine nature en vous immergeant dans des environnements extérieurs. Des activités telles que « l'immersion en forêt » impliquent des promenades attentives

et volontaires dans des environnements naturels tout en se focalisant sur les expériences sensorielles qu'offre la forêt. Mettez vos sens en éveil en observant les images, les sons, les odeurs et les textures du monde naturel, que vous soyez dans un endroit isolé ou dans un parc en ville. Cette pratique favorise la relaxation, réduit le stress et encourage un profond sentiment de connexion avec l'environnement naturel. Des séances régulières d'immersion dans la nature constituent un puissant antidote au rythme soutenu de nos vies intenses, vous permettant de ralentir et d'apprécier le moment présent.

Une journée sans précipitation :
L'objectif de cet exercice est de vivre une journée entière sans se presser, en adoptant un rythme de vie plus lent et plus déterminé. Commencez votre journée en définissant claire-ment votre volonté de ne pas vous presser. Rappelez-vous que l'objectif n'est pas d'accomplir davantage de tâches, mais de savourer chaque instant. Commencez votre matinée par quelques minutes de méditation de pleine conscience pour visualiser votre journée au calme. Pendant le petit-déjeuner, mangez en toute conscience. Tout au long de la journée, exé-cutez vos tâches de manière réfléchie et focalisez-vous sur une chose à la fois. Prévoyez de courtes pauses pour réfléchir et vous détendre. Débranchez vos appareils numériques pen-dant les repas. Passez du temps en pleine nature si possible. Le soir, réfléchissez à votre journée et envisagez d'intégrer cette démarche à votre routine afin d'apprécier la richesse de chaque instant et de réduire le stress.

Voyage et exploration au ralenti :
Que vous partiez en voyage vers une destination lointaine ou que vous fassiez une petite excursion dans le village d'à côté, vous allez adorer cet exercice ! L'objectif est de nouer un

lien profond avec les lieux que vous découvrez, afin de mieux apprécier leur charme unique et leur diversité culturelle.

Choisissez votre destination avec soin, qu'elle soit proche ou lointaine, et préparez-vous à vous immerger dans la culture locale. Engagez-vous de tout cœur avec les habitants, partagez leurs traditions et savourez la cuisine locale pour vous imprégner pleinement de l'essence de l'endroit.

Au lieu de vous précipiter d'un site à l'autre, adoptez un rythme d'exploration tranquille, en vous laissant guider par les marchés, les rues et les recoins cachés. Absorbez les images, les sons et les parfums de votre environnement, et immortalisez ces moments en les photographiant pour les garder en mémoire.

Établissez des connexions authentiques avec la population locale, en favorisant des conversations qui vous permettront de mieux comprendre leurs vies et leurs points de vue. Appréciez la diversité du monde, en tenant compte du fait que chaque lieu possède un attrait et une richesse culturelle qui lui sont propres.

Après votre voyage, prenez le temps de réfléchir aux expériences qui vous ont marqué et partagez ces expériences avec d'autres personnes afin de les sensibiliser et de les inciter à apprécier la diversité des cultures et des environnements mondiaux, qu'ils soient proches ou lointains.

En adhérant aux principes du voyage ralenti et de l'exploration en pleine conscience, cet exercice vous permet de savourer la richesse de vos expériences et de développer un lien profond avec d'autres communautés mondiales et avec vous-même, quel que soit l'endroit où votre voyage vous emmène.

QUATRIÈME PARTIE

Laissez-vous danser

CHAPITRE DIX-NEUF

Embrasser le chaos

L e monde chaotique n'est pas nouveau, mais le XXIe siè-cle semble tourner plus vite que n'importe quelle autre époque. L'intelligence artificielle ne cesse de trouver des moyens de prendre en charge les tâches les plus banales. La technologie nous permet de travailler dans des états ou des continents éloignés des autres collaborateurs de notre entreprise, et le travail que nous accomplissons aujourd'hui pourrait très bien ne plus avoir de raison d'être demain. Nous ne pouvons pas changer ces faits. Notre seule alternative pour survivre dans cette tourmente exponentielle est de la saisir, d'en tirer parti et d'apprendre à danser avec elle.

Un peu comme le tempo de la musique sur la piste de danse, c'est l'orchestre ou le DJ qui contrôle la playlist. Nous ne savons pas à quoi ressemblera le prochain morceau, mais nous pouvons adapter nos mouvements à la chanson en cours.

Notre danse avec le chaos commence avec les dix-huit compétences abordées dans ce livre. Car si nous ne pouvons pas changer la vitesse à laquelle la robotique et l'IA transforment le monde, nous pouvons changer notre champ de compétences.

Commencez là où vous en êtes

L'environnement en constante évolution offre des possibilités de progrès mais aussi de déclin. Avant la pandémie, World Vision a fait état de progrès considérables dans la lutte contre la faim dans le monde.[28] Bien que cette crise ait causé un recul, grâce à la technologie qui aide à diffuser des informations et au nombre d'agences de services mondiaux qui s'investissent dans cette problématique globale, de plus en plus de familles reçoivent de l'aide chaque jour. Malheureusement, cette même technologie est à l'origine de la cybercriminalité, comme le harcèlement en ligne ou les vols qui touchent des individus à l'autre bout du monde.

Nous pourrions rester focalisés sur les forces négatives de ce monde chaotique, mais cela ne changerait rien. Pour maximiser nos capacités, nous devons reconnaître et accepter ces forces maléfiques, mais nous ne sommes pas obligés de danser avec elles. En choisissant notre partenaire de danse, nous aurons le pouvoir d'embrasser le positif et d'avoir un impact plus important que ce que n'importe qui aurait pu imaginer il y a cinquante ans, à l'exception d'Edward Lorenz.

Dans les années 1960, Edward Lorenz délaisse son ordinateur pour aller chercher une tasse de café. Les simulations météorologiques sur lesquelles il travaillait étaient radicalement différentes de celles qu'il avait observées auparavant. Il a découvert qu'il avait arrondi l'une des variables au millième et non au millionième comme il l'avait fait dans toutes les simulations précédentes. Ce minuscule écart de température ou de vitesse du vent a radicalement modifié les prévisions météorologiques pour les deux mois à venir. Il a supposé que même le battement d'une aile de papillon pouvait déterminer si une tornade se formerait ou non dans le Midwest.[29]

Le potentiel de notre influence commence là où nous nous trouvons. Lorsque nous mettons en œuvre ces compétences au sein de notre famille et de notre lieu de travail habituel, nous pouvons provoquer de petits changements dans le monde. Et même si nous pensons qu'ils sont trop insignifiants pour changer quoi que ce soit, nous devons nous rappeler que les ondes que nous créons peuvent se répercuter pendant des millénaires. Un geste aussi simple qu'un battement d'aile de papillon peut mettre fin à une crise ou renforcer l'estime de soi.

Bien que les résultats de l'utilisation de nos soft skills soient aussi imprévisibles que l'effet du battement d'un papillon sur la météo, lorsque nous abordons chaque interaction avec amour et compassion, nous créons un environnement propice à l'ouverture et à la collaboration. Il est plus facile de faire face au chaos lorsque nous l'abordons avec bienveillance et acceptation. Même si les résultats ne sont pas à la hauteur de nos espérances, une attitude aimante nous permet de mieux profiter de la vie.

L'autre option consiste à rester fermé et transactionnel. Dans ce cas, nous perdons la possibilité de cultiver nos capacités d'adaptation, d'enthousiasme, d'acceptation, etc. Sans cette approche aimante, nous serions aveugles par rapport aux points de vue d'autrui, ce qui, selon moi, pourrait conduire à un scénario horriblement apocalyptique.

À une époque où il semblerait que nous ne puissions pas décider du tempo de la musique, nous pouvons choisir l'intention et l'état d'esprit que nous introduisons dans la danse. Notre choix individuel d'agir à partir d'un endroit aimant affecte les groupes, les nations et la société dans son ensemble. Un groupe, dans son essence collaborative, orienté vers l'amour et le désir de produire un changement positif avec espoir et compassion, peut résoudre la crise à laquelle l'humanité est confrontée et faire face aux complexités de notre environnement. Nous devons rester engagés pour garantir que les tendances évoluent dans la bonne direction. L'idée du pouvoir de l'amour est réelle. Nous devons la maintenir au premier plan de nos activités, qu'elle soit sentimentale, familiale, amicale ou simplement humaine.

Accepter l'incertitude

L'incertitude règne. Nous avons beau planifier, chaque jour modifie sa musique sans crier gare. Et même si nous savons que la vie sera radicalement différente pour nos enfants une fois adultes, nous n'avons aucune idée de la nature de cette différence.

Il n'est pas irréaliste de penser que nous pourrions avoir la capacité de guérir les pires maladies, de nourrir tout le monde, de faire face à la crise climatique et de rendre les transports écologiques et efficaces accessibles au plus grand nombre. Les changements rapides auxquels nous sommes confrontés nous promettent un avenir que nous ne pouvons pas entièrement appréhender. Danser avec le chaos signifie regarder l'avenir sous l'angle de la prospérité, voir ce qui peut être, et utiliser cet ensemble de compétences pour créer le meilleur monde possible. Pour moi, la prospérité consiste à reconnaître le progrès technologique et à exploiter la courbe exponentielle plutôt que de la laisser nous submerger.

À l'inverse, nous pouvons considérer le monde sous l'angle de la pénurie, comme s'il n'y en avait pas assez pour tout le monde. C'est ce qui arrive à ceux qui ont un esprit fermé et une mentalité transactionnelle. Accueillir le chaos consiste à préparer une vie agréable pour nos enfants et petits-enfants en utilisant les progrès mis à notre disposition tout en anticipant une croissance exponentielle au fil des décennies, au lieu de supposer qu'ils mèneront la même vie que nous.

Boîte à outils

Ces dix-huit compétences classées en trois catégories - ancrage, accélération et navigation - vous permettront de vous stabiliser, d'accélérer avec moins d'efforts et de naviguer au cœur du chaos. Ils combinent des mentalités et des comportements qui facilitent l'acceptation de la danse qui nous est imposée par l'état du monde.

Il n'est pas nécessaire de les maîtriser dans l'ordre présenté, ni en une seule fois, ni même à un degré identique. Si quelques-uns vous attirent, il s'agit peut-être de ceux que vous maîtrisez déjà ou que vous êtes prêt à approfondir. Certaines vous intrigueront peut-être et, à mesure que vous vous améliorerez dans un domaine, vous découvrirez peut-être qu'une compétence vous aide à progresser dans un autre domaine. Je vous encourage à relire les chapitres consacrés aux compétences que vous souhaitez approfondir ou à les survoler pour en tirer l'essentiel.

Armé de ces outils, vous pourrez conserver une attitude positive et voir le monde comme étant plein de potentiel et de prospérité. Lorsque vous vous sentez débordé, pensez à ces compétences et demandez-vous laquelle vous permettra de faire avancer les choses. Utilisez les titres des chapitres pour déterminer la compétence qui nécessite le plus de travail à ce moment-là. Mettez ensuite en pratique les conseils à la fin de chaque chapitre pour affiner vos compétences.

Nous avons tous passé du temps avec des personnes qui ne font que se plaindre de leurs problèmes. En discutant avec eux, vous vous rendrez compte que ces outils leur manquent

- ils n'ont pas appris à danser. Chaque pas que nous maîtriserons nous montrera comment avoir un impact plus fort et réussir.

En m'ancrant dans l'espoir, le courage, le focus, les rapports avec les autres, la créativité et la pratique, je développe continuellement l'adaptabilité, la confiance, l'enthousiasme, la flexibilité mentale, l'acceptation et la compétitivité afin de pouvoir accélérer le rythme en sein de ce monde en constante évolution et en mouvement exponentiel. Ensuite, grâce à la persévérance, à la définition de mes priorités, au pragmatisme, à la collaboration, à l'apprentissage et à l'art de ralentir, je peux mieux naviguer dans les eaux agitées.

Plus que tout, je souhaite que vous fassiez l'expérience de la liberté au cœur de cette période de transition et de transformation inédite. Cette liberté se manifeste lorsque nous intégrons ces compétences, que nous avons le courage de changer ce que nous pouvons et que nous nous adaptons au tempo de la musique. Ce n'est qu'à cette condition que nous pourrons vraiment suivre le rythme des cultures, apprécier le mouvement de la vie et nous adapter à la vitesse des changements exponentiels. Ce n'est qu'après avoir embrassé le pandémonium que nous pourrons abandonner la peur de l'incertitude et commencer à danser avec le chaos.

Notes de fin

1   Siegler, MC. Tech Crunch "Eric Schmidt: Every 2 Days
     We Create as Much Information As We Did up to 2003."
     https://techcrunch.com/2010/08/04/schmidt-data/
2   Lodestar Solutions. "How Fast is Knowledge Doubling?"
     Consulté le 19, 2023. https://lodestarsolutions.com/keeping-
     up-with-the-surge-of-information-and-human-knowledge/
3   Harvard Business Review, Breakthrough Ideas for
     Tomorrow's Business Agenda April 2003. cited in "Dr.
     Daniel Goleman Explains the History of Emotional
     Intelligence" by Joshua Friedman at 6seconds.org, 30
     janvier 2005.
4   Katz, Leslie. *CNET.* "How tech and social media are making
     us feel lonelier than ever." 18 juin 2020. https://www.cnet.
     com/culture/features/how-tech-and-social-media-are-
     making-us-feel-lonelier-than-ever/

5   Groth, Leah. *Everyday Health*. "9 Reasons Dancing is Good for Your Health." 6 juillet 2022. https://www.everydayhealth.com/fitness-pictures/health-benefits-of-dance.aspx

6   "3 Inspiring Short Stories about Hope to Power Your Life" *WinnersStory* 20 juillet 2022 https://winnersstory.com/short-stories-hope-1.

7   "Our Founder, Father Greg." *Homeboy Industries*. Consulté le 21 juillet 2023. https://homeboyindustries.org/our-story/father-greg/.

8   (Zhou, Luisa. *Luisa Zhou* "The Percentage of Businesses that Fail." 7 mars 2023 https://www.luisazhou.com/blog/businesses-that-fail/

9   *Apollo Technical Engineered Talent Solutions. "17 Remarkable Career Change Statistics to Know." 4 décembre 2022* https://www.apollotechnical.com/career-change-statistics/.

10 Yesilevich, Allen. *Mastering the Fear of Change.* . 18 octobre 2019 https://www.linkedin.com/pulse/mastering-fear-change-allen-yesilevich.

11 *Free Agent "New Research Reveals Half of Brits Admit to Being Scared of Change." 10 mars 2019* https://www.freeagent.com/us/company/press-room/fear-of-change-research/

12 Sol, Mateo. *Loner Wolf.* "Eternally Connected: How Technology Disconnects You From Yourself." 18 février 2022. https://lonerwolf.com/technology-disconnects/

13 Vitasek, Kate. *Forbes*. "Why Collaboration Yields Improved Productivity (And The Science Behind It)" 8 mars 2022 https://www.forbes.com/sites/katevitasek/2022/03/08/why-collaboration-yields-improved-productivity-and-the-science-behind-it/?sh=2ec7966d5d55

14 Novotney, Amy. *American Psychological Association.* "The Risk of Social Isolation." Mai 2019 https://www.apa.org/monitor/2019/05/ce-corner-isolation

15 Broida, Rick. *CBS News Money Watch.* "How to Remember Names." 8 juin 2007. https://www.cbsnews.com/news/how-to-remember-names/

16 *BBC "Dunbar's number: Why we can only maintain 150 relationships." . 9 octobre 2019. https://www.bbc.com/*

future/article/20191001-dunbars-number-why
-we-can-only-maintain-150-relationships.

17 Cherry, Kendra. *VeryWell Mind* "What is Neuroplasticity?"
Mis à jour le 8 novembre 2022. https://www.verywellmind.
com/what-is-brain-plasticity-2794886

18 *Better Aging. "The Importance of Neuroplasticity As We Age*
1er juin 2021 https://www.betteraging.com/aging-science/
the-importance-of-neuroplasticity-as-we-age/

19 Rosengran, Phil. *BetterPitching.com* "Deliberate Practice:
Talent is Overrated. Accessed 28 juillet 2023. https://
betterpitching.com/deliberate-practice-talent-is-overrated/.

20 Bezos, Jeff. *Harvard Business Review.* "How Amazon Thinks
About Competition." 21 décembre 2020. https://hbr.
org/2020/12/how-amazon-thinks-about-competition

21 Leonard, Michael. *Inspire Your Success.* "8 Inspiring
Perseverance Stories to Make You Never Give Up." Consulté
le 20 décembre, 2023. https://www.inspireyoursuccess.com/
inspiring-perseverance-stories/.

22 Godin, Seth. "Polishing perfect." *Seth's Blog,* 11 juin 2013,
https://seths.blog/2013/06/polishing-perfect.

23 Oberbrunner, Kary. *The E-mind.* (Ohio: Ethos Collective,
2023).

24 *Wikipedia. "Wikipedia Statistics." Consulté le 26 décembre 2023.*
https://en.wikipedia.org/wiki/Wikipedia:Statistics#

25 Raghupathi, Viju & Raghupathi, Wullianallur. *Archives of*
Public Health. "The influence of education on health: an
empirical assessment of OECD countries for the period
1995–2015." https://archpublichealth.biomedcentral.com/
articles/10.1186/s13690-020-00402-5

26 Kaye, Randy and Drash, Wayne. *CNN.* "Kids
for Sale: My Mom Was Tricked." 13 octobre
2017. https://www.cnn.com/2017/10/12/health/
uganda-adoptions-investigation-ac360/index.html.

27 Miller, Greg. Smithsonian Magazine. "How Does
Breathing Affect Your Brain?" 18 octobre 2022.
https://www.smithsonianmag.com/science-nature/
how-does-breathing-affect-your-brain-180980950/

28 *World Vision.* *"Global Hunger Facts."* *Consulté le 28 août 2023.* https://30hourfamine.worldvision.org/index.cfm?fuseaction=cms.page&id=3852

29 Dizikes, Peter. *MIT Technology Review.* "When the Butterfly Effect Took Flight. 22 février 2011. https://www.technologyreview.com/2011/02/22/196987/when-the-butterfly-effect-took-flight/

Solution à l'énigme des 9 points du Chapitre Cinq

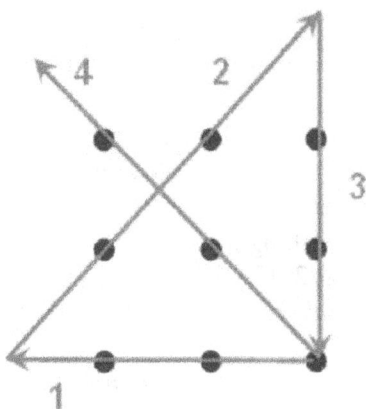

À propos de l'auteur

De Boston à Paris, Carly Abramowitz a toujours dansé à son propre rythme. Diplômée de la Northwestern University, elle n'est pas seulement une innovatrice, mais une force dynamique de créativité et d'énergie dans un monde en constante évolution.

Poussée par la profondeur, l'objectif et une insatiable soif de vivre, Carly a fondé CA Consulting Group en 2005. Aujourd'hui, cette entreprise internationale est à l'avant-garde de la formation au leadership, à la vente et à la communication pour les grands groupes mondiaux.

La méthodologie d'apprentissage propre à Carly associe une conception rythmée et des expériences très énergiques à une approche concrète et basée sur la pratique. Il ne s'agit pas seulement d'apprendre ; mais aussi de vivre des expériences transformatrices qui catalysent des changements réels, tant au niveau personnel qu'organisationnel.

Récemment, Carly et son équipe ont mis au point un système d'apprentissage numérique multi-joueurs qui réimagine la formation aux compétences non techniques. Ancrée dans la narration et la pratique collective, cette plateforme remodèle la façon de solidifier les Edge Skills™ clés comme l'adaptabilité, l'intelligence émotionnelle, la flexibilité mentale et l'assertivité.

Si les expériences acquises dans des institutions telles que Launching New Ventures de Harvard, Singularity University et Abundance360, éclairent son expertise, c'est l'esprit vivace de Carly qui la distingue vraiment des autres.

En tant que PDG, elle défend l'impératif de l'apprentissage perpétuel et de l'adaptabilité dans un monde qui évolue à une vitesse vertigineuse. Elle est convaincue que dans notre monde rapide et en perpétuel changement, c'est notre croissance et notre profondeur intérieures qui détermineront notre succès extérieur.

Entre la beauté de Paris et l'énergie vibrante de Miami, Carly, accompagnée de ses deux enfants, navigue gracieusement entre ces deux mondes.

Connectez-vous avec Carly :
https://www.linkedin.com/in/carly-abramowitz-000928/

DÉCOUVREZ LE DYNAMISME DE CARLY ABRAMOWITZ EN ACTION

Des conférences captivantes qui allient créativité et pragmatisme pour relever les défis d'aujourd'hui.

KEYNOTE SPEAKER

ENTAMEZ LA CONVERSATION DÈS AUJOURD'HUI

DancingWithChaos.com

PARLEZ AVEC GENIE™

Découvrez votre chemin individuel vers le succès avec Genie™- un guide personnel offrant des idées sur mesure et réalisables pour une vie en harmonie avec le changement.

www.ingramcontent.com/pod-product-compliance
Lightning Source LLC
Chambersburg PA
CBHW071545210326
41597CB00019B/3128